BVT

W0094628

Das Gefängnis Tegel ist eine verborgene Stadt mitten in der Hauptstadt der Republik. Hier leben über 1700 Gefangene in einer eigenen, abgeschotteten Welt. Die größte deutsche Haftanstalt ist ein Universum für sich mit Kirche, Krankenstation und Schule, mit eigenen Werkstätten, Schnapsdestillen, mit Kriminalität und Prostitution. Draußen weiß kaum jemand, wie das Leben auf der anderen Seite der Gitter aussieht; das Gefängnis ist ein Ort des Schweigens. Hans-Joachim Neubauer gelingt es, das Gefängnis zum Sprechen zu bringen. Über Jahre hinweg hat er das Vertrauen der Insassen erworben und sich ihre Geschichten über Alltag, Arbeit und Einsamkeit, über Gewalt und Sprachlosigkeit angehört.

Hans-Joachim Neubauer lebt als freier Journalist und Autor in Berlin. Er ist Privatdozent für Neuere Deutsche Literatur und Allgemeine Literaturwissenschaft an der Freien Universität. Sein Buch *Fama – Eine Geschichte des Gerüchts* (Berlin Verlag 1998) wurde in mehrere Sprachen übersetzt.

Hans-Joachim Neubauer

EINSCHLUSS

Bericht aus einem
Gefängnis

BERLINER TASCHENBUCH VERLAG

September 2003
BvT Berliner Taschenbuch Verlags GmbH, Berlin
© 2001 Berlin Verlag, Berlin
Umschlaggestaltung: Nina Rothfos und Patrick Gabler, Hamburg,
unter Verwendung einer Fotografie von © photonica/Shannon Fagan
Gesetzt aus der Scala Serif durch psb, Berlin
Druck und Bindung: Elsnerdruck, Berlin
Printed in Germany 2001 · ISBN 3-8333-0057-4

»Nein, hier muss man offenbar alles durch eigene Erfahrung lernen und nicht durch Befragung anderer.«

Fjodor Dostojewski,
Aufzeichnungen aus einem Totenhaus

»Once you're gone you can never come back
when you're out of the blue and into the black.«

Neil Young

INHALT

VORWORT

Dieser Bericht kommt aus einer verborgenen Stadt. Mitten in Berlin liegt das größte deutsche Gefängnis, die Justizvollzugsanstalt Tegel. Dort, in der Seidelstraße 39, leben mehr als 1700 Männer aus fast fünfzig Nationen in einer eigenen Welt mit einer eigenen Stadtmauer, eigenen Wachtürmen, Wegen, Plätzen, Bäumen, mit einer Kirche, einer Krankenstation, einer Schule, mit Werkstätten und Sportplätzen, Krafträumen, Schnapsdestillen, Tätowierstudios und Friseurläden, mit einer eigenen Polizei – und sogar mit einem eigenen Kerker. Das Gefängnis ist ein Ort der Geschichten und zugleich einer des Schweigens: Nur selten sprechen Gefangene miteinander über ihre Taten. Keiner darf sich eine Blöße geben, denn Wissen bedeutet Macht. Jede totale Institution, schrieb Erving Goffman, ist ein Experiment, das zeigt, »was mit dem Ich des Menschen angestellt werden kann«. Das gilt auch für das Gefängnis dieses Berichts.

Die folgenden Seiten beruhen auf Interviews, die ich seit 1998 in Tegel führte. Die Gefangenen sprachen mit mir über das Leben in der Haft und erzählten von ihrem Weg dorthin; ihre Worte und ihr Wissen bilden das Material, aus dem ich dieses Buch destillierte. Wäh-

9

rend dieser Gespräche begriff ich, dass im Gefängnis alle zugleich an einem Ort sind, aber jeder für sich bleibt. Deshalb gab ich diesem Bericht seine Form aus verschiedenen Stimmen. Eine von ihnen steht in der dritten Person: Durch diesen Erzähler sprechen viele; er führt durch eine Zone, in der es, wie in allem falschen Leben, kein richtiges gibt: »Hier zu sein, wünscht er keinem.« Er erkundet das Gelände der Absonderung; er schildert den Kreislauf von Arbeit, Lohn und Waren; er misst die Zeit, das Wesen der Haft; er erfährt die Regeln der Macht, und schließlich entdeckt er das Gesetz der Strafe.

Die anderen Erzähler dagegen sagen »ich«. Jeder von ihnen spricht als ein Einzelner; neben ihm stehen weitere, und auch sie sprechen nur für sich. Sie erzählen von Unglück, Schuld und Ohnmacht, von der Freude über den gelungenen Coup oder vom Reiz des leichten, flüchtigen Geldes. Manche betrauern die Vergänglichkeit des Glücks, manche erzählen von ihrer Kindheit, in der der eine die ferne Heimat, der andere den Urgrund des Schreckens sieht. Diese kurzen Berichte aus den frühen Jahren verdichten sich zu Kindheitsmustern, die nichts erklären wollen; dennoch bilden sie den Anfang für das Spätere. So steht die Zeit im Zentrum dieses Buches. Als Vergangenheit ist sie uneinholbar, als unentrinnbare Gegenwart hat sie im Gefängnis zwei Gesichter: Zum einen ist sie kleinteilig organisiert im Stakkato der geregelten Stunden, zum anderen scheint sie formlos zu sein, ohne Gestalt. Denn was acht oder fünfzehn Jahre bedeuten, weiß niemand zu sagen. »Ich möchte mit keinem tauschen, der weniger erlebt hat«, sagt eine der Stimmen dieses Buches, »aber ich möchte auch keinem raten, das zu erleben, was ich erlebt habe.«

Zu diesem Erleben kann auch jener eine Moment gehören, der den Jahren der Haft vorausging: »Ich hätte, bevor ich die Tat gemacht habe, die Tat nicht machen brauchen.« Irgendwo zwischen Freiheit und Zwang scheint das zu liegen, was manche Schuld nennen. »Ob es so etwas wie das Böse gibt, weiß ich nicht«, sinniert eine Stimme: »Ist schon möglich. Warum nicht?« Manchmal klingen Fragen wie Antworten.

Ein Bericht aus einem Gefängnis handelt von Sühne und Strafe, die der Schuld entsprechen sollen, aber er handelt auch vom Verbrechen. Um die Täter und ihre Opfer zu schützen, habe ich die meisten Daten, Orts- und Eigennamen getilgt oder geändert. Manche Details spare ich aus, denn »die Polizei will alles, alles wissen; und besonders Geheimnisse« (Lessing, *Minna von Barnhelm*). Die Akten der Gefangenen kenne ich nicht, auch habe ich keine Mitglieder des Vollzugsdienstes befragt; schließlich bin ich kein Gutachter. So viel zur Wahrheit meines Berichts. Dass er nur einen kleinen Ausschnitt aus der ganzen Wahrheit über das Gefängnis zeigt, liegt in der Natur der Sache.

Berlin, im Sommer 2001

PROLOG

Nach vier Jahren sank etwas in seinem Kopf wie ein Schiff. Dann war nur noch Zeit. Hier ertrinkt er in Zeit. Es gibt keine Zukunft, es gibt nur das Heute. Wer denkt an den nächsten Tag? Was morgen ist, ist unwichtig. Nur heute ist wichtig zum Überleben hier. Es gibt keine Zukunft. Nach vier Jahren ist nur noch Zeit. Er hat lange gebraucht, das zu verstehen. Die Zeit läuft so langsam hier, das macht kaputt.

Die erste Zeit im Gefängnis, in der Untersuchungshaft: Man ist nicht mehr ich, man weiß nicht mehr, wer man ist. Weil plötzlich alles anders ist. Man ist eingesperrt, die Tür geht zu, dreiundzwanzig Stunden Einschluss. Das heißt Freiheitsentzug, das ist grausam. Wer hierher kommt, ist entmündigt; man hat keine Rechte, man kann gar nichts. Das ist die erste Zeit.

Dies hier ist seine Schule: Ohne das Gefängnis hätte er nicht genug Erfahrung zum Leben. Jetzt ist er bereit zum Leben. Er hat sich gefunden hier drin. Er war jung, und er wusste nicht, was er wollte. Und jetzt weiß er es genau: Nur das Heute ist wichtig. Er hat sich gesagt, er muss hier durch. Er hat alles mitgemacht. Er muss hier durch. Hier besteht der Tag aus Langeweile. Und er hat es bis jetzt durchgehalten, sonst könnte er all das nicht erzählen.

GELÄNDE

Wenn er aus dem Fenster schaut, sieht er auch ein Stück von den Bäumen hinten im Garten. So merkt er, wenn es Sommer ist. Wenn es Herbst ist, kriegt er das auch mit. Wenn es Frühling ist, das kriegt er auch mit. Irgendwie kriegt er hier alles mit, auch die Tiere: Katzen, Enten, Krähen. Die Krähen schreien viel. Ansonsten lebt er, für sich persönlich, ganz gut hier: Er hat sein Bad mit fließend warm Wasser, also da geht es ihm ganz gut. Von der Einrichtung her könnte er sich vorstellen, dass so ein Brückenmensch es schlechter hat als er. Auch ein Student hat vielleicht eine schlechtere Bleibe. Es ist einfach so, leben kann er hier, bloß die große Freiheit fehlt. Er hat zwar viele kleine Freiheiten hier drin, aber die große Freiheit fehlt irgendwie doch. Zum Beispiel die Freiheit, in irgendein Lokal zu gehen, etwas zu essen. Oder ins Schwimmbad zu gehen, sich da in die Sonne zu legen, was er hier unten auf der Wiese machen muss. Das fehlt, wenn er daran denkt. Das tut schon ein bisschen weh, wo er jetzt sechsunddreißig ist und schon acht Jahre hier hinter sich hat.

Als er damals mit dem üblichen Gefangenentransportwagen hierher kam, wurde er in eine Zelle der Vollzugsgeschäftsstelle gesperrt und dort vom Hausvater abgeholt. Der Begriff hat sich über die Jahrhunderte erhalten, der Hausvater ist der Kammerbulle, der Kammerchef, der Verwalter der Hauskammer. Sie wurden also abgeholt, und jeder hatte ein kleines Stück Handgepäck dabei, persönliche, gleich benötigte Dinge, ein bisschen Kaffee, etwas zu schreiben und so weiter. Dann wurde er in der Kammer aufgenommen. Das heißt, die Dinge, die er mitgebracht hatte, wurden erst mal aussortiert: Das kann ihm belassen werden, das kann ihm nicht belassen werden. Dann bekam er, was jeder beim Einzug hier bekommt: seine Matratze, jeder kriegt eine Schaumgummimatratze am ersten Tag seiner Haft. Die muss er dann bei seiner Entlassung wieder abgeben.

Natürlich gibt es auch Decken, Bettzeug, Wäsche. Und bewaffnet mit dem ganzen Gelumpe – das war ein riesengroßer blauer Müllsack aus Plastik – und mit seiner Matratze und den persönlichen Dingen, die man ihm zugestanden hatte, wartete er darauf, dass ihn der Beamte aus Haus I abholte, wo er als Erstes untergebracht werden sollte. Meistens passiert das um die Mittagszeit, so dass man gerade dann ins Haus kommt, wenn dort Mittagessen ausgegeben wird. Man ist schon berücksichtigt bei der Anzahl der Essen.

Die Eingangstüren verleiten einen automatisch dazu, beim Durchgehen den Kopf einzuziehen, selbst wenn man nur einsfünfzig groß ist, weil sie so klein, gedrungen und schmal sind. Zumal man mit dem Gepäck sowieso nicht auf einmal reinkommt. Er musste alles abstellen, vorsichtig balancieren: seine Tüte rein, seine Matratze rein. Dann kam er in einen Gang, nicht so wie im Film, wo man von unten bis nach oben gucken kann, sondern das sind in sich geschlossene Gänge. Schlimm sieht das teilweise aus in den Zellen. Er besorgte sich erst mal einen Eimer Heißwasser, räumte alle Möbelstücke raus und machte den Boden, die Wände und die Möbel richtig sauber. Da wird offensichtlich nicht so sehr drauf geachtet.

Wie er damals, so kommen die meisten direkt aus der Untersuchungshaft. Dort haben sie bis zum Urteil gesessen, und nur die wenigsten kommen über andere Strafanstalten. Dieser Anstalt hier geht ein immenser Ruf voraus: Dort sind die Zellen klein, heißt es, dort hat man keinen Strom in der Zelle. In der Untersuchungshaft bekam er einen Brief von einem Kollegen von hier, darin stand: »Wenn ich in meiner Zelle stehe und den linken und den rechten Arm ausstrecke, kann ich beide Wände berühren.« Das stimmt, man kriegt nicht einmal ein Zweimeterbett quer in die Zelle gestellt, dafür ist sie zu schmal. Er selber hatte kaum Platz, richtig zu laufen. Da stand sein Bett, achtzig Zentimeter breit, einsneunzig lang, dann hatte er einen Tisch, ein Klosett, das Handwaschbecken mit dem Spiegel drüber, eine immer brennende Glühlampe über seinem Tisch, die sich nur von draußen ausschalten ließ. Wenn er schlafen wollte, ging er mit dem Handtuch daran und drehte die Glühlampe aus. Gott sei Dank bleibt das Licht brennen hier. In anderen Gefängnissen, in Bayern und in anderen Bundesländern, wird das Licht zu einer bestimmten Zeit – so um dreiundzwanzig Uhr – abgeschaltet. Da ist nichts mehr mit nachts lesen, mit nachts einen Brief schreiben.

Und dann die erste Nacht. Das war ungewohnt in einem so kleinen Raum mit einem winzigen Fenster oben, aus dem er kaum rausgucken konnte. Er sah gerade mal ein bisschen Mauer von dem gegenüberliegenden Gebäude. Das war beklemmend. Später lag er auf einer Dreimannzelle, Maße über alles vier mal dreieinhalb, aber auch mit abgetrennter Toilette vorne im Vorderflur. Sie hatten gehört, sie sollten noch einen vierten bekommen in ihre Dreimannhütte. Aber das war so schon schlimm genug, keine Privatsphäre, gar nichts. Und immer das Wasserholen für den Kaffee morgens! Sie hatten keinen Boiler, keine Kaffeemaschine, gar nichts. Da gab es eine Küche mit einem Boiler und einem Herd und einem Kühlschrank mit Schließfächern, wo man sein Essen aufbewahren und kühlen konnte. Sie hatten Waschbecken et cetera, etwas anderes durften sie damals nicht haben.

Als Langstrafer hat er inzwischen eine mit einer Tür abgetrennte Nasszelle, er hat Toilette, Spiegel, Waschbecken. In seinem Schlaf- und Wohnraum hängen zwei Regale. Es gibt einen Schrank, einen Tisch, einen Stuhl. Da hat er seinen Fernseher drauf. An der Wand hängen Poster und Bilder. Er kennt einen, der hat Tierbilder an der Wand: Vögel, Katzen, Raubkatzen, Dingos, Elefanten. Die sind alle aus der Reihe »Die Jungen Wilden« aus der Hörzu. Die haben Titel wie »Der kleine Frechdachs«, »Lauschangriff«, »Nase vorn«, »Hallo Kids«, »Kinderparadies« und so weiter. Weil das Jungtiere sind. Ist schon was anderes, als wenn einer nur kahle Wände hat.

Die ersten Jahre war seine Zelle immer wunderbar. Er hat geputzt, hat alles sauber gemacht, vier, fünf Jahre lang. Jetzt hat er oft einfach keine Lust mehr, was zu machen. Trotzdem putzt er seine Zelle fast jeden Samstag, gibt seine Klamotten zur Wäscherei oder wäscht sie selbst. Er hat hier seine Akten und sein Einkaufszeug, die Thermoskanne, die Schuhe. Privatbettwäsche darf man nur haben, wenn ein ärztliches Attest vorhanden ist, dass man Gefängnisbettwäsche nicht verträgt. Die ist aus Stoff und blau kariert, aber die wird in der Großwäscherei gereinigt mit einem Waschzeug, davon kriegen manche Hautausschlag. Aber er muss mit dem zufrieden sein, was er hat. Wenn sich einer beschwert, sagen die Beamten immer: »Wir haben Sie ja nicht eingeladen. Sie haben sich doch ausgesucht, herzukommen.« Das sagen die.

Er hat Gardinen, ganz normale Fenster, ein Kippfenster und eines, das er ganz aufmachen kann, nicht so wie in Haus III. Wenn er rausschaut, sieht er auf der anderen Seite die Straße, die Freiheit, er sieht Wachtürme, die therapeutische Anstalt, und dann sieht er Haus III, ihren Dreistundenhof und den Wachturm auch. Er kann hier sehen, wenn Maschinen starten oder landen. Dann lässt er schon mal seinen Gedanken freien Lauf, seiner Fantasie, und denkt, er sei auch in der Maschine drin und flöge mit in die Freiheit. Nach Lateinamerika, Brasilien, oder, er weiß nicht. Brasilien: die Mentalität, Samba, der Karneval in Rio, das wäre sehr schön, denkt er. Fußball: Was die Brasilianer spielen, ist für ihn eine Kunst. Das wäre ein schönes Reiseziel für ihn. Aber nicht alleine, da würde er sich schon wünschen, jemanden mitzunehmen. Ansonsten, was die Leute hier gemacht haben, das interessiert ihn nicht. Er hat in seinem Leben schon vier, fünf Tote gesehen, nicht gerade schön. Aber das interessiert ihn auch nicht. Im Gegenteil, er lacht mit den Leuten. Wenn die ihm von ihrer Tat erzählen, lacht er drüber.

Ich hätte, bevor ich die Tat gemacht habe, die Tat nicht machen brauchen. Machen wollen oder machen sollen, das ist die Frage. Aber: Ich wollte es nicht machen, ich sollte es aber auch nicht machen. Das ist zwischen machen und machen sollen. Das kann man so nicht erklären. Man kann nur sagen: Mich hat dazu keiner angestiftet. Und ich werde nie vergessen, was ich gemacht habe. Wie ich's gemacht habe. Warum ich's gemacht habe. Das werde ich nie vergessen, auch wenn ich neunzig Jahre alt werde oder hundert. Das vergisst man nie. Man hat einem Menschen das Leben genommen, und das, das tut einem innerlich weh. Ich muss aber sagen, dass mir das im ersten Augenblick scheißegal war, ob der nun – ob ich in den Knast gehe oder nicht. Denn ich hatte nichts mehr, warum ich noch draußen sein sollte. Hier habe ich's besser, als wenn ich draußen bin. Wenn ich im Knast bin, habe ich meinen geregelten Tag. Und wenn ich draußen bin, geh ich klauen, mach ich dies, mach ich das, nur um Geld zu kriegen.

Den Westen kenne ich noch nicht. Ich hab ja – da

war ich dreiundzwanzig, da war mir alles scheißegal, und jetzt bin ich zweiunddreißig, und das arbeitet. Die erste Zeit konnte ich nicht schlafen, habe Albträume gehabt. Habe den Toten immer vor mir gehabt. Das waren die ersten sechs Monate, die ersten zwei Jahre: nur solche Albträume. Das arbeitet ja auch an dir, die Zeit, wo du im Knast bist. Jetzt ist es ganz anders, jetzt habe ich Kumpels, Arbeitskollegen, mit denen man zwar nie über die Straftat redet, aber über das Strafmaß. Dass es einen beschäftigt, ist ganz klar. Denn man hat die Möglichkeit, Besuch zu empfangen. Einmal im Monat, das reicht, da kannst du dich mit deinen Verwandten unterhalten. Du kommst nicht darüber hinweg, über deine Straftat zu reden. Immer und ewig musst du mit denen darüber reden. Weil: Du hast einen Menschen getötet. Du hast ihn zwar nicht selber getötet, aber du hast daran mitgeholfen. Und das arbeitet an dir. Gut, die Albträume sind weg. Aber die Gedanken sind immer da, ob du willst oder nicht.

Also '84 bin ich rein, und '87 bin ich raus, hab mich zwei Jahre gehalten, bin arbeiten gegangen, habe wieder meine alte Wohnung gehabt, aber da haben sie dann eingebrochen und dies geklaut und das geklaut. Da hat man denn keine Lust mehr gehabt, sich was anzuschaffen, danach sah dann auch meine Wohnung aus. Ein normaler Mensch hätte sich da nicht wohl gefühlt. Da hab ich die Arbeit geschmissen und bin nur noch arbeiten gegangen, wenn ich Lust hatte, hier und da jobben. Das ging bis August ganz gut, und die Nacht vom Zwölften zum Dreizehnten hab ich Scheiße gebaut mit meinem Mittäter, der auch hier ist. Da haben sie uns am zweiundzwanzigsten August verhaftet. Seitdem sitze ich wieder in Haft.

Normalerweise sollte ich ja arbeiten. Da hab ich bei meinem Mittäter gewohnt, und alles ohne Arbeit. Geld musste im Haus sein. Da bin ich arbeiten gegangen, am Elften in der Nachtschicht im Bahnpostamt am Ostbahnhof. Und bin am Zwölften morgens aus der Arbeit gekommen, bin wieder zu meinem Mittäter gefahren, hab mit ihm gefrühstückt und mit den Kindern gespielt. Und in der Nacht vom Zwölften zum Dreizehnten sollte ich mit meinem Mittäter arbeiten gehen. Aber da hatten wir keine Lust. Da bin ich auf die Idee gekommen, zu einem Kumpel zu gehen, der zwar homosexuell oder, besser gesagt, schwul war. Aber er ist mir noch nie an die Wäsche gegangen. Wenn ich Probleme hatte, konnte ich immer zu ihm kommen. Er hatte ein Herz wie meine Mutter. Bei dem habe ich immer Bettwäsche gepumpt, ich hatte nur eine, und da hab ich bei ihm eine gepumpt. Da ist ein Brandloch reingekommen. Bis dahin wusste ich noch gar nicht, dass wir den umbringen. Dass wir den Mord machen, war bis zu dem Zeitpunkt noch nicht klar.

Dann sind wir dahin, haben geklingelt, hat er die Tür aufgemacht, war aber voll wie ein Amtmann. Und ich, ja, Bettwäsche kriegst du erst einen Tag später, muss ich erst kaufen, oder so ähnlich hab ich das gesagt. Und da sagt er, ist gut, macht nichts, kannst dir Zeit lassen. Und dann wollte er die Tür zumachen. Da sage ich: Hast du was zu trinken da, ich hab 'nen Brand.

Und da sagt er, dass er aus dem Urlaub kommt oder von einer Dienstreise und dass er noch nichts einkaufen konnte, aber noch Cola und Wein da hat. Dann sind wir rein, und da hab ich meinen Mittäter als meinen Arbeitskollegen vorgestellt, was er ja nun nicht war. Und er hat uns reingelassen und hat uns bewirtet, würden sie auf dem Gericht sagen, er hat uns bewirtet mit Bier und hat uns was zu essen gemacht, hat uns zu trinken gegeben, und da hab ich ihn gefragt, ob er ein bisschen Kohle hat. Und da sagt er, er muss erst zur Bank.

Das fand ich gar nicht so gut. Immer wenn ich gekommen bin und was brauchte, hat er was dagehabt. Ich glaube, dass er kein Geld hatte, weil ich noch einen mit dabeihatte. Wenn ich alleine gekommen wäre, wenn ich dann gefragt hätte, hätte ich auch was gekriegt, aber er wird wohl gegen den, den ich mitgebracht habe, was gehabt haben. Und so ging es auch meinem Mittäter, der hatte was gegen Schwule. Das wusste ich aber nicht.

So haben wir da gegessen und getrunken. Abends um zehne, elfe sag ich, ob wir da schlafen können. Dann haben wir da geschlafen, die Couch ausgezogen, uns hingelegt. Und dann ist mein Mittäter raus, hat einen Strick geholt. Dann bin ich raus, habe auch einen Strick geholt. Dann habe ich die Füße gefesselt und die Hände festgehalten. Und mein Mittäter hat ihn erdrosselt. Dann hat er die Wohnung, die Schrankwand durchstöbert, wir haben Kaffee gemacht, haben erst den Leichnam in die Küche getragen. Da hab ich der Leiche noch zwei-, dreimal in die Schnauze gehauen, weil er mich immer angeguckt hat. Was auch nicht richtig war, denn ich hätte ja bloß die Augen zuzumachen brauchen von der Leiche. Dann bin ich ins Wohnzimmer gegangen, hab Wasser aufgesetzt für Kaffee. Mein Mittäter hat einen Kasten Pralinen gefunden, den hab ich dann aufgefuttert vor Aufregung und einen Kaffee getrunken, weil ich nervös war. Weil ich wusste, in der Küche liegt eine Leiche. Und ich hab dazu mit beigetragen, dass er tot ist.

Dann haben wir Sachen, die Geld gebracht haben, also Schecks und was an Bargeld da war, mitgenommen. Und dann haben wir die Wohnung geschlossen und sind zu meines Mittäters Mutter gefahren. Am nächsten Morgen sind wir dann wieder nach Hause gegangen, als wäre nichts passiert. Und am zweiundzwanzigsten August kam die Kripo und hat uns verhaftet.

Wir haben das wegen Geldnot gemacht, wir brauchten Geld. Da war die Nacht, wo wir arbeiten sollten, da war die Frau, die mit ihm verheiratet ist und gedacht hat, dass wir arbeiten sind, da mussten wir ja am nächsten Morgen irgendwie Geld auf den Tisch legen. Um Geld zu kriegen: Ich bin der großen Vermutung, dass das deswegen war. Wenn ich das ungeschehen machen könnte, würde ich das ja machen, aber das geht nicht. Man kann das jetzt nicht mehr ändern. Ich habe meine Strafe gekriegt, und das ist unwiderruflich. Wenn die der Meinung sind, dass sie mich nach fünfzehn Jahren rausschmeißen sollen, dann schmeißen sie mich raus.

Wenn später, dann später. Um jeden Tag, den sie mich früher rauslassen, bin ich natürlich froh, um noch einige Zeit in Freiheit zu leben.

Das kam von mir aus, dass ich da mitgemacht habe. Ich hätte ja sagen können, gut, ich hau ab, ich gehe, bis hierher und nicht weiter. Das hab ich nicht gemacht. Ich habe mitgemacht. Und das ist das, was mir das Gericht auch vorhält. Ich hätte ja, um dem Schwulen das Leben zu schenken, meinem Mittäter eine runterhauen können oder hätte abhauen können. Aber das hab ich nicht gemacht. Ich bin in der Wohnung geblieben, hab ihm die Füße gefesselt und hab die Hände festgehalten. Der Fehler des Gerichts war, dass sie mich zu einer lebenslangen Haft verurteilt haben. Ich hätte mir einen Anwalt nehmen und gegen das Urteil klagen können. Aber was hat denn das für einen Sinn? Das hat auch keinen Sinn. Also, sag ich mir doch, hab Scheiße gebaut, dafür muss ich geradestehen. Auch wenn es noch so schwer sein sollte.

———————————

Er kommt überall rum, er kennt die Keller, die Ausgänge, alles, auch die Grundzeichnung des ganzen Geländes, unterirdisch, außerirdisch, Alarmsystem, Steueralarm, Kanalisation, Kellerräume, Bunker, unterirdische Schutzräume, groß wie ein U-Bahnhof, Schutzräume wohl für Atombomben, wenn später mal Krieg kommen könnte. Damit sich die Bediensteten hier verstecken können und die Gefangenen in den Tod gehen, nimmt er an. Es gibt geheime unterirdische Gänge zwischen den Häusern. Ob die zur Freiheit führen, weiß er nicht. Da ist natürlich überall stiller Alarm, Lichtschranken. Ein normaler Gefangener, der sich nicht auskennt, würde sofort Alarm auslösen, der würde nicht weiter kommen als einen oder zwei Meter. Das war mal ein Zuchthaus. Jetzt ist es ein Hightech-Gefängnis, da kommt man nicht raus. Es ist eine große Landschaft, in der alles zusammenhängt. Früher führte eine kleine Schmalspurbahn durch die ganze Anstalt. Da wurde das Essen transportiert. Es gab auch eine Straßenbahnanbindung mit einem Gefangenentransportwagen, der bis zum Spittelmarkt, bis zur Hausvogtei fuhr und täglich Gefangene hin- und hertransportierte. Heute läuft dieses Verhältnis von drinnen und draußen über andere Dinge.

Jeder, der kommt, geht einen bestimmten Weg. Von Haus I mit der Aufnahme-Abteilung wird man auf die anderen Häuser verteilt. Es gibt verschiedene Häuser, Haus I, Haus II, Haus III, Haus IV, Haus V und Haus VI, und jede Abteilung und jedes Haus ist anders. Jeder, der kommt, hat erst mal das älteste, was es überhaupt gibt, vor Augen, das Haus I mit der fünf Komma eins Quadratmeter großen Zelle. Manche Leute würden gerne von Haus I nach Haus V oder Haus VI gehen oder von Haus III nach Haus I, weil alle sehr unterschiedlich sind. Schon die Freistunden im Hof: Haus V, Haus VI haben drei, vier Freistunden am Tag, Haus I, Haus II nur zwei. Aber hier findet er keinen schönen Platz, überhaupt keinen. Die Haftzellen in Haus I nennen sie Hundehütten. Aber da könnte man nicht mal einen Schäferhund einsperren, der hätte da nicht genug Platz. Tisch, Regal, Stuhl und ein Bett: kein Platz. Innentoilette, wohnhaft im Klo. Einem Hund im Tierheim geht es besser als einem Gefangenen in seiner Zelle hier, findet er.

Haus II ist das Drogenhaus. Da sind Junkies drin und so was. Und Kurzstrafer, die vielleicht nicht länger als ein halbes Jahr haben oder ein Jahr. Dahin werden auch die verlegt, die in Haus IV aufgefallen sind. Es gibt dort eine eigene Abteilung für die, die hier im Gefängnis Schulden machen, die sie nicht bezahlen können. Diese Abteilung ist mit Gittern umgeben. Dort kommt man nicht raus. Die Stimmung in Haus II ist höllisch. Dort gibt es ganz dreckige Zellen, auch die Duschen, die Toiletten und die sanitären Einrichtungen sind katastrophal. Es vergeht nicht ein Tag in Haus II, an dem nicht die Toiletten verschmutzt oder die Abflüsse verstopft sind. Das Gesundheitsamt war schon hier, aber die melden sich vorher an, dementsprechend heißt es dann also: Morgen müsst ihr die Flure schrubben, die Toiletten und alles. Dann werden nur Räume gezeigt, die gut abgenommen werden. Hier findet man keinen schönen Platz. Der einzige wäre vielleicht in der therapeutischen Anstalt, Haus IV. Dort geht es freier zu als in den geschlossenen Häusern. Haus IV nennt sich das Therapiehaus. Dort haben Gefangene ihre therapeutischen Gespräche mit dem Therapeuten. Es ist viel leichter, von Haus IV zur Ausführung zu kommen. Aber häufig ist der Therapeut krank, und er allein bestimmt, ob einer rausgehen kann oder nicht. Deshalb gibt es auch in Haus IV keine Gemütlichkeit.

Langstrafer und solche mit Sicherheitsverwahrung, die sind irgendwann alle in Haus V und Haus VI. Die Lebenslänglichen sagen: »Die mit ihren zwei Jahren, die sollen mir bloß von der Pelle bleiben. Ich will mit denen nichts zu tun haben. Die gehen in zwei Jahren raus, und ich sitze noch zehn.« So ist es für einen Kurzstrafer nicht leicht, an die Langstrafer heranzutreten. Das würde auf die Dauer böses Blut geben.

Die Station A-4 ist für Drogenschmuggler und Kuriere. Da wird man den ganzen Tag eingesperrt, kann auch sein Krafttraining machen. Aber man hat keine Arbeit, ist abgeschirmt von allen, separate Freistunde und so weiter. Besuch hat man auch nicht. Das kann bis zu einem halben Jahr dauern, bei manchen auch ein ganzes Jahr. Je nachdem. In den Bunker können sie einen auch drei, vier Wochen sperren. Das ist ein Raum, in dem ist eine Gitterzelle. Da ist man drin, kommt nur zum Duschen und zur Freistunde raus. Das Essen wird reingeschoben, mit Plastikgeschirr und Plastikbesteck. Den Tee bekommt man von der Diätstube.

Man hört ja manchmal, Alkoholiker, die eine Pulle Schnaps klauen, gehören hierher. Aber die kommen schlimmer raus, als sie reingekommen sind. Er hat hier gelernt. Er wusste nicht, wie man Autos aufbricht, er wusste nicht, wie man Geldscheine druckt, er wusste nicht, wie man Schlösser aufmacht, das weiß er alles heute, aber das macht er nicht. Man lernt hier betrügen und belügen. Er kennt viele, die sind erst hier kriminell geworden. Als er zum ersten Mal reinkam, hatte er keine Hafterfahrung, außer von Besuchen. Damals machte er daraus so etwas wie ein Studium. Seine Interessen waren so breit, er war immer wissbegierig und neugierig. Er sagte sich: »Jetzt gehst du mal zu dem, das ist der beste Tresorknacker von Deutschland, den wirst du mal interviewen, wie der das gemacht hat.« Er hatte ja selber früher auch alle möglichen Tricks probiert. Es war sehr interessant, mit dem zu reden, obwohl das eine Weile dauerte, bis der anfing zu sprechen. Und so war das auch mit den Mördern damals und mit einem Vergewaltiger. »Erzähl doch mal, was hast du denn gemacht mit der Frau?«, hatte er den gefragt: »Hat das Spaß gemacht?« Das war damals. Jetzt lässt er sich nichts mehr erzählen.

Das Schlimme ist, man kommt wegen Alkohol rein oder wegen anderen Sachen, und man kommt mit unwahrscheinlichen Gedanken wieder raus. Die will er sich aber nicht machen. Ihn interessiert das nicht, ihn stört das alles nicht im Geringsten. Ihn hat nur damals diese Dreimannzelle gestört, als er keine Privatsphäre hatte. Das ist der einzige Anspruch, der sich bei ihm im Laufe der Jahre herausgebildet hat, dieser kleine Anspruch auf Privatsphäre, dieses unbedingte Verlangen nach ein bisschen Ruhe, nach sich selber: Alles ausmachen, gar nichts hören, nur Fenster aufklappen und hören, was da draußen passiert. Das ist das Einzige.

Ich bin Einbrecher. Ich habe auch so einen familiären Hintergrund. Mein Onkel ist Einbrecher, meine Tante kommt aus dem Prostituiertenmilieu, und meine Taufpaten haben Kneipen und Nachtclubs in Köln. So von fünfzehn bis achtzehn ging ich mit meinem Onkel einbrechen. Das war für mich normal, das ist auch ein Beruf, auch ein Handwerk: Diebstahl, Einbruch, diese kleinen Sachen. Mein Onkel sagte immer: »Das ist ein Handwerk. Wenn man das ernsthaft betreibt, ist das genauso ein Handwerk, genauso ein Job, genauso eine Arbeit wie die von anderen Leuten, die Tischlermeister oder Schlossermeister oder sonst irgendwas sind.« Er war auch immer gegen Gewalt und gegen Waffen. Einmal, bei einem Einbruch, da war ich sechzehn oder siebzehn, hatte ich eine Gaspistole dabei. Da durfte ich mir was anhören, da hätte ich fast eine Ohrfeige gekriegt. Mein Onkel sagte: »Wir sind Einbrecher und keine Mörder. Ganz klare Sache.«

Als ich zu meinem Onkel zog, war ich fünfzehn. Er hatte einen Kiosk, der ging den Bach runter – mein Onkel hatte kein Händchen für das Unternehmertum. Dann hatte er eine Kneipe, da wurde der Strom abgestellt, weil er die Rechnung nicht bezahlte. Da musste er die Kneipe zumachen, und so kehrte er zu seinem alten Handwerk zurück. Das war das Einbrechen, was er damals gelernt hatte, nach dem Krieg. Er sagte, er ist es gerne, das ist sein Handwerk, das ist sein Beruf, das ist das, was er gelernt hat, und das ist das, worauf er immer wieder zurückgreifen kann.

Dann ging ich die erste Zeit mit, stand Schmiere irgendwo an der Landstraße, bei Einbrüchen in Krefeld oder Uerdingen oder in der Gegend. Ich wurde an der Straße postiert mit einem Walkie-Talkie, während mein Onkel die Kneipen oder Imbisse oder Spielautomaten leer machte. Später wurde ich an die Objekte herangeführt. Er zeigte mir, wie man einen Kuhfuß oder einen Schraubenzieher benutzt oder wie man einen Engländer ansetzt. Das ist eine Zange, die man festschrauben kann, nicht wie eine Rohrzange, bei der man den Druck nur durch Muskelkraft erzeugt. Den Engländer kann man oben am Verschluss zusammendrehen, dass er zum Beispiel an einem Zeiss-Ikon-Schloss fest angesetzt ist, unten an den Bärten. Durch Kraftanwendung, durch Drehen nach links oder rechts bringt man das Sicherheitsschloss zum Brechen, indem man Gegendruck erzeugt. Dann kann man die Schlösser rausholen, den Dietrich ansetzen. Und damit ist jede Tür auf. Er zeigte mir, wie man Holztüren oder Leichtmetalltüren aufmacht und Alarmanlagen ausschaltet: Da wird Montageschaum reingespritzt, und entweder macht man einfach nur einen Pappkarton oben über die Lampe oder man macht das Plastikgehäuse ab und haut das kleine Lämpchen kaputt. Wenn der Kasten unten, wo die Sirene drin ist, mit Montageschaum ausgefüllt ist, kann die Alarmanlage ruhig losgehen, das kriegt keiner mit. Solche Sachen brachte mein Onkel mir nach und nach bei. Wie man Spielautomaten aufmacht mit zwei Schraubenziehern und wie man die Röhren da rausholt, wie man unten die Kassen rausholt, solche Sachen zeigte er mir.

Wir machten alles in dieser Richtung: Kneipen, Imbisse, Sportgeschäfte, kleine Supermärkte. Das ging so weit, dass auch die Tresore ausgemeißelt wurden aus dem Boden. Oder wenn es von der Lage des Supermarkts her oder von der Zeit her nicht ging, nahm man halt die ganzen Waren mit, was auch einen beträchtlichen Wert darstellte. Solche Sachen machten wir halt, cleane Sachen. In Wohnungen oder in Häuser gingen wir nie. Das habe ich mein Leben lang beachtet, das ist Privatsphäre. Deine Wohnung, das ist dein Bau sozusagen. Da willst du dich schlafen legen, und im Schlaf ist man am angreifbarsten, am verletzbarsten. So was zu respektieren, lernte ich von meinem Onkel. Und keine Waffen mitzunehmen, kein Messer, keine Gaspistolen, weil er sagte: »Wenn mal jemand wach wird und wenn jemand kommt, dann nimm die Beine in die Hand und lauf. Versuch, dem Konflikt aus dem Weg zu gehen. Das hat nichts mit Feigheit zu tun, das ist einfach nicht unsere Art«, sagte er, »das gehört nicht zum Geschäft dazu.« Deshalb kann ich auch hier sitzen und sagen: Okay, ich bin ein Dieb, ich bin ein Einbrecher. Aber alles mit Anstand und auch mit einer gewissen Berufsehre. Das soll ein sauberes Geschäft bleiben.

Eigentlich bin ich ein lieber, netter, ruhiger, vernünftiger Kerl. Ich bin ja gar kein schlechter Mensch, aber das langweilt mich halt alles. Ich habe als Lagerarbeiter gearbeitet, als Staplerfahrer, zum Schluss als Buchhalter im Steuerbüro, Angestelltenverhältnis. Da hast du deine Wohnung, du hast dein Auto, du hast deine Frau, du hast deine zwei Fernreisen mit allem Drum und

Dran, du kannst dir alles leisten, du gehst bei Reichelt an die Frischkäsetheke und an die Frischwursttheke und kaufst dir nur die schleckrigsten Lebensmittel. Aber dieses ganz normale Bürgertum, das langweilt so. Irgendwann sitzt du da und fragst dich: Und das sollst du jetzt so weitermachen? Dass einfach nichts passiert, dass es die nächsten dreißig Jahre so weitergeht und du jeden Tag arbeiten gehst, dir alle fünf Jahre ein neues Auto kaufst: Das ist so langweilig, das kann es doch nicht sein.

Als ich mit den Drogen anfing, hatte ich bald keinen Kontakt mehr zu meiner Familie. Zu meinem Vater sowieso nicht, wir hassten uns gegenseitig, und deshalb war ich ja von zu Hause weggegangen. Dann, als ich achtzehn war, beklaute ich meinen Onkel. Er wurde verhaftet und ins Gefängnis gesperrt, da räumte ich ihm sein Haus aus, klaute sein Auto und machte damit einen Zug. Seitdem habe ich den auch nie wieder gesehen. Wenn du auf Droge bist und auf Beschaffung, verschwinden diese Werte, der Stolz und die Ehre und die Ethik und dieses ganze alte Ganoventum und Gauklertum und was da alles noch drin ist. Wenn du auf Droge bist, fällt das völlig weg, die Ehre. Dann wirst du wirklich zum Tier, dann nimmst du auf nichts mehr Rücksicht. Und da gibt es dann richtig Knast. Wenn du wieder rauskommst, wirst du meistens schnell wieder rückfällig. In drei Monaten bist du wieder genau an dem Punkt, wo du zwei Jahre vorher aufgehört hast. Dementsprechend hält man sich nicht so lange draußen. Der Knast verdoppelt sich, die Zeit in Freiheit halbiert sich. Am Anfang war ich ein Jahr im Knast, zehn Monate. Dann kommst du raus und hältst dich noch vier Jahre. Und dann fliegst du wieder für zwei Jahre ein, und dann kommst du raus und hältst dich noch mal zwei Jahre, und dann fliegst du wieder ein, und dann hältst du dich nur noch ein Jahr.

Einbruch muss geplant sein, das musst du bei klarem Verstand machen, das ist eine saubere Sache. Einbruch hat immer was mit Köpfchen und Überlegung zu tun. Man muss einen Plan haben, Objekte ausspionieren oder solche Sachen. Dazu hat man keine Zeit, wenn man auf Droge ist. Da zählt nur das schnelle Geld. Das ist nur durch Raub zu finanzieren: in Geschäfte gehen, Waffe zücken und: »Geld raus!« Oder wenn auf der Bank einer ein paar Tausender abholt, hinterher und den niederschlagen. Schon grobe Sachen. An die Leute rangehen und die dann auch bedrohen. Weil es so schnell gehen muss, hat das immer mit Gewalt und mit Waffen zu tun. So kam ich zu zweieinhalb Jahren, damit ich wach werde. Freiwillig von den Drogen wegzukommen ist unmöglich. Das braucht Druck von außen und Zeit zum Reifen. Jetzt bin ich an den Punkt gekommen, dass ich mir vorstellen könnte, davon erst mal die Finger zu lassen.

Vielleicht sollte ich mir mal Kinder anschaffen, vielleicht sehe ich ja dann einen Sinn im Leben, aber ich glaube, das würde ich auch verbauen. Ich bin wohl zu versaut, als dass ich einem Kind vernünftige Werte mitgeben könnte, bei dem Weg, den ich gegangen bin. Das möchte ich meinen Kindern nicht antun, dass sie so verstört werden wie ihr Vater. Ich weiß nicht, ob ich denen das vermitteln könnte, dass sie mit ihrem Leben, so wie es ist, einfach zufrieden sind. Zufriedenheit, Stillstand, das ist alles wie Tod. Das langweilt. Da muss man einfach hin und wieder mal Haken schlagen.

Damit die Allgemeinheit draußen vor den Leuten hier drin geschützt ist, wird isoliert, nicht nur vom Draußen. Es gibt hier drin kleine Städte oder Teilanstalten, wo die Leute voneinander relativ isoliert sind. Wenn er sieht, dass dort in Haus III oder I jemand ist, den er kennt und mit dem er sich gerne am Nachmittag einmal treffen würde, um Schach zu spielen oder Musik zu hören, geht das nicht. Das ist die nächste Isolation. In den einzelnen Häusern ist diese Isolation unterschiedlich reglementiert. Haus III hat den Verschluss auf die einzelnen Flügel, Haus II darüber hinaus noch den sehr massiven Verschluss in der Zelle; da kann man nur in bestimmten Zeiten umgeschlossen werden. Damit einher geht eine weitere Isolation: Plötzlich ist man nicht mehr in der Lage, auf einen anderen zuzugehen. Es sei denn, man will etwas von ihm, Drogen oder etwas anderes. Dass die Leute sich immer mehr zurückziehen, das hinterlässt nicht nur kleine Schäden.

Die Piste, der Jahrmarkt der Eitelkeiten, die Piste, das ist jene Straße, auf der die Leute früh und mittags zur Arbeit gehen und von der Arbeit kommen. Das ist die Lagerstraße des Gefängnisses, von dort sind alle Betriebe zu erreichen. Er kann beobachten, wie die Leute aus Haus III, V, VI, IV, I, II wie auf einen zentralen Punkt zustreben und sich vor dem großen Tor treffen. Die Türme sind besetzt, damit keiner über die sechs Meter hohe Mauer springt. Auf der Piste bewegen sich täglich um die achthundert Leute. Früh um zehn nach sieben werden die Tore geöffnet. Die Beamten aus allen Häusern, aus den Werkstätten und den Betrieben haben Standposten bezogen, um genau zu beobachten, wo die Leute hingehen, wenn es auch keinen interessiert, ob man in die Bäckerei geht oder in die Setzerei.

Auch die Bäcker und Köche gesellen sich dazu. Da sagt man sich freundlich guten Tag, und der eine haut dem anderen eins in die Fresse, weil der ihn betrogen hat. Da werden Geschäfte gemacht, Zeitungen getauscht, Verabredungen getroffen: »Wann hast du den nächsten Sprecher? – Gut, ich beantrage auch.« Das sind zehn Minuten, eine Viertelstunde, wo sich Unmengen von Leuten treffen, bevor sie dann zu ihrer Arbeitsstelle weitergehen. Aber nur bei gutem Wetter.

Den meisten Gefangenen sieht er nicht an, was sie gemacht haben. Aber weil er sich inzwischen schon ein paar Jahre in diesem Haus V befindet, kennt er fast jeden Gefangenen hier. Darunter sind Raubmörder, Bankräuber, Kinderschänder und Totschläger, und die zeigen auch Reue. Man sieht denen an, dass ihnen das Leid tut. Manche fühlen sich aber auch wohl hier, weil sie draußen alle Kontakte verloren haben. Die Ehe ist kaputtgegangen, die Kinder wollen nichts mehr wissen von ihnen. Manche haben keine Skrupel. Es sind traurige Gestalten unter ihnen. Manchen sieht er das an, manchen sieht er das nicht an. Und manchen gefällt es hier scheinbar, denen ist das alles egal. Sie stehen freudestrahlend auf, und wenn der Beamte rumbrüllt, brüllen sie mit. Das ist denen egal. Die meisten hier aber haben keinen Halt mehr. Man kann keinem trauen. Viele sind negativ eingestellt, das kann er ganz schnell feststellen. Wer Erfahrung hat, kann schon am Gesicht sehen, was das für eine Person ist. Verrat, Misstrauen, Einsamkeit, Isolation, Familienprobleme, das ist das tägliche Brot hier. Viele reden überhaupt nie miteinander. So wenig wie hier wird nirgendwo gesprochen. Er kennt viele Leute, er kann sich mit allen unterhalten, aber einem Menschen vertrauen, das würde er nie.

Die Piste ist für ihn der einzige Moment, wo er ungestört mit anderen reden kann. Das können aber nur die Leute, die zur Arbeit gehen. Die anderen Leute, die nicht arbeiten, nicht arbeiten können, sind von dieser Möglichkeit ausgeschlossen.

———————

Autos hab ich schon immer als einen gewissen Wert gesehen. Aber ich habe sie trotzdem geklaut. Autos waren schon immer was ganz Großes für mich. Der Fahrprüfung könnte ich mich sofort unterziehen. Lange genug fahr ich ja. Jetzt lerne ich hier Kraftfahrzeugmechaniker und hab mein Leben lang mit Autos zu tun. Was damals schon meine große Faszination war, mache ich zu meinem Beruf und denke mir, so komme ich nicht mehr auf die schiefe Bahn. Jedenfalls nicht mit Autos. Autos klauen und Fahren ohne Führerschein, wegen was anderem habe ich nie gesessen. Jetzt mache ich das Thema Auto von der anderen Seite. Die Kunden kommen rein: »Ach, mein schönes Auto. Könnte man nicht was machen?« Man ist froh, wenn die dann freudestrahlend sagen: »Mein schönes Auto ist wieder ganz.« Hier kostet das nicht so viel wie draußen, die Kunden kommen ganz gut dabei weg. Aber ohne Bonus gibt's nichts. Eine Kiste Cola, ein bisschen Tabak, das machen sie eigentlich immer.

Damals, das war ein reines Autoknackermilieu. Wir hatten in Lichtenberg eine Wohnung von einem Kumpel, eine richtige Autoknacker-Höhle. Die Polizei fuhr in der Straße alle halbe Stunde durch. Ein geklautes Auto oder ein Privatauto konnte man da gar nicht hinstellen, das wurde sofort überprüft, das hat keine fünf Minuten gedauert, waren sie da. Die Straße war heiß, und da haben wir uns aufgehalten. Wir haben mit den Bullen gespielt, haben uns ein bisschen mit denen angefreundet. Man kannte die schon, von Verhaftungen und so. Sogar mit Vornamen. Wir kannten alle Zivi-Wagen, auch in anderen Stadtbezirken, hauptsächlich Marzahn, Hellersdorf und Lichtenberg. Jetzt hat das Milieu sich aufgelöst, ist langsam, aber sicher kaputtgegangen, durch viele Inhaftierungen.

Aber das war kein reines Männermilieu. Die Freundinnen waren natürlich dabei, haben Autofahren gelernt bei uns. Wir haben ein Auto geklaut und sind irgendwohin rausgefahren. So haben wir uns um die

Frauen auf unsere Art auch bemüht. Statt Disko hatten wir eine Trabi-Clique, da waren zehn Leute mit Trabis und ihre Frauen und Kumpels. Jeder hatte sein Autoradio. So hat man sich den Tag vertrieben. Feindschaften gab es auch. Wir aus Marzahn, Hellersdorf und Lichtenberg hatten in Friedrichshain nichts zu suchen, da hatten die ihr Milieu, und da waren nur die tätig. Wenn einer von uns da auftauchte, haben sie ihn angeschissen. Umgekehrt genauso. Das sieht man, das sind ganz typische Verhaltensformen: Wenn einer ein Auto sucht, läuft der über den Parkplatz, ziemlich dicht an den Autos lang, zwischen den Autos hin und her, dann von dem einen Parkplatz zum nächsten. Das ist typisch dafür. Oder Blicke in die Autos werfen. Wenn wir sehen, da rennt einer in unseren Gebieten rum und sucht ein Auto, rufen wir die Bullen.

Wir hatten mal Kontakte zum Zuhältermilieu, weil die auch Autoteile brauchten, aber da hochzusteigen war erstens nicht in meinem Sinn und zweitens nicht in deren Sinn. Das sind getrennte Welten. Die Zuhälter haben andere Strukturen als die Autoknacker. Im Autoknackermilieu hängen sie zusammen, erzählen, was sie für Autos geholt haben. Oft werden auch ein paar Hehler mitgenommen. Oder man geht mal mit einem anderen los oder nimmt einen Großauftrag an, wo es heißt: »Wir brauchen davon drei oder vier Autos.« Dann laufen eben sechs Mann los. Hatten wir auch schon: Drei Mazdas wollte einer haben, drei Stück an dem und dem Tag. Da haben wir drei Mazdas besorgt mit acht Mann, wir sind eine Stunde vorher losgelaufen, um, was wir geklaut haben, so schnell wie möglich wieder loszuwerden. Der brauchte die für Ersatzteile oder wollte sie umstempeln. Er hatte auch eine Werkstatt und Kunden, die Mazda fuhren. So sparte er Ersatzteilkosten. Berechnet den Kunden Neupreise oder Gebrauchtteilpreise und hat dafür weitaus weniger bezahlt.

Autos kann man unterschiedlich verkaufen: so, wie sie sind, geknackt von der Straße weg, oder umgebaut, mit Zündschlüsseln und neuen Nummernschildern, oder in Einzelteilen. Ich habe alles ausprobiert. Am besten ist immer noch: Frisch von der Straße weg. Dann bist du es am schnellsten los. Dafür kriegst du nicht viel, wenn er neu ist, vielleicht einen Tausender, aber du hattest ja deinen Spaß und kriegst noch ein bisschen Kohle. Gibt ja noch genug andere Autos auf der Straße. Für einen Golf hat der Autohändler uns vier-, fünfhundert Mark gegeben, dann hat der einen Reibach von vier- oder fünftausend Mark gemacht. Für ihn war das gut. Für uns war das auch gut. Wir hatten unser kleines Geld, unser Auskommen, und alle waren glücklich. Bis auf die Opfer natürlich. Die fanden das nicht so toll, dass die Autos weg waren.

Anfangs haben wir nur geklaut, weil wir Lust dazu hatten. Der geschäftliche Hintergrund kam erst später. Wenn der Aschenbecher voll war und der Tank leer, klauten wir ein neues Auto, das ist ja der Kick dabei. Mein Kumpel und ich, wir haben 600 Autos weggeklaut. Das können sie uns nicht nachweisen, ist zu lange her. Und bei 600 sind wir noch lange nicht stehen geblieben. Am schnellsten geht ein Opel Kadett

auf. Dreizehn Sekunden, das ist mein Rekord. Einer hat
es in zehn Sekunden geschafft, ich in dreizehn. Aufmachen, Lenkerschloss, reinsetzen, kurzschließen und
abfahren. Was man in dreizehn Sekunden alles machen kann! Man geht ans Auto ran, hat entweder einen
Schraubenzieher oder ein Taschenmesser dabei, steckt
ihn ins Loch. Dann sieht man den kleinen Knopf nach
oben wandern, am Fenster, reißt die Tür auf, setzt sein
Bein ins Lenkrad, zieht von oben und drückt nach unten. So knackt man das Lenkerschloss am schnellsten.
Dann reißt man unten die Verkleidung ab, die ist nur
reingesteckt. Wo man vorne den Schlüssel reinsteckt,
ist hinten ein Plastikteil, der eigentliche Schalter. Den
klopft man vom Alu ab und kann in der Mitte drehen.
Dann springt er an. Man braucht keine Kabel abmachen
oder abisolieren, beim Opel. VW hat das anders, das
macht zu viel Arbeit. Beim Omega ist das noch anders.
Da geht die Zentralverriegelung über den Kofferraum
auf. Beim Opel Frontera sind wir zu dritt am Lenkrad-
schloss gescheitert und haben uns natürlich geärgert.
Dann haben wir uns einen VW geholt, der stand gleich
daneben. Das ist aufregend. Du kriegst einen Adrena-
lin-Schub, der dich sehr wachsam hält. Jede Bewegung
draußen, jedes Geräusch, das nicht dazugehört, lässt
dich gleich aufhorchen; man entwickelt Feingefühl.
Und dann dieser Kick, wenn du fertig bist und du star-
test den Wagen durch – dieses Glücksgefühl: Jetzt
hast du es geschafft. Dann rauschst du los. Und dann
das Fahren, der Geschwindigkeitsrausch. Das ist un-
beschreiblich, man muss es einfach erleben.

Einmal stand ich mit einem geklauten Auto auf einem Parkplatz. Da hielt ein Bulle seine Kelle in mein Fenster. Da habe ich gesagt: »Was willst du denn hier?« und hab aufs Gas getreten. Irgendwann war er weg, aber was hängt er sich auch in mein Fenster rein? Bei meiner letzten Verfolgungsjagd hab ich sie 70 Minuten geärgert. Die Bullen waren zu doof, mich zu kriegen. Ich hab sie abgehängt mit einem Opel Kadett, bin als Geisterfahrer auf die Autobahn gefahren. Da haben die sich zurückgehalten, kamen zwar mit Blaulicht hinterher, aber hatten nicht so viel Power wie ich: Fernlicht an, und gerade durch – 160 oder 170. Die sehen einen ja, wenn man auf der Überholspur kommt. Ich bin über tausend Dörfer gefahren und dann wieder auf die Autobahn, aber diesmal richtig rum, da hatten sie zwei LKWs angehalten, einer stand auf der einen, der andere auf der anderen Spur, große Sattelschlepper. Ich bin rangefahren, habe nach oben geguckt, nach links und nach rechts, und dann bin ich durch. Hab mir noch einen Außenspiegel weggeknallt dabei. Und der VW, der mir von Anfang an am Arsch hing, hat sich an den LKWs verfangen. Damit war die Sache erledigt – für die. Die brauchten ein bisschen, bis sie nachkamen. Meinen Beifahrer haben sie nachher gekriegt. Der hat gegen mich ausgesagt. Dafür haben sie mich dann auch noch verurteilt. Die Zeit damals möchte ich nicht missen, die Erfahrungen sind sehr wertvoll. Aber ich will es nicht noch mal machen. Ich hab's schon mal gemacht, das reicht ja. Wenn ich hier abschließe, fängt ein neuer Lebensabschnitt an. Dann muss ich mich durchbeißen in der Gesellschaft. Entweder es klappt, oder ich fall in den Stand von damals zurück.

———————————

Das sind keine Freunde. Das sind nur Kumpel, keine Freunde. Hier gibt's keine Freunde. Hat er was, ist er ein Freund. Hat er nichts, ist er kein Freund. Jeder denkt an sich selber hier. Er merkt das: Wenn er nichts hat, sieht er keinen. Wenn er was hat, was andere nicht haben, ist er immer ein Freund, ein guter Freund. Die fragen: »Wo bist du? Was machst du? Ich hab dich gesucht. Ich habe Essen gemacht«, und so was. Aber wenn er nichts hat, fragt ihn keiner. Das sind die Leute. »Hast du Tabak, hast du Kaffee, hast du das, hast du dies?« So ist das hier. Freundschaft gibt es hier nicht. Für ihn nicht. Jeder, der sagt, dass er hier einen Freund hat, weiß nicht, was ein Freund ist. Das gibt es hier nicht. Ein Freund, ein richtiger Freund, wenn man ihn braucht in einer schlechten Situation, ist er da. Das ist ein Freund. Wer da ist, wenn er was von einem braucht, ist kein Freund für ihn. Wenn man Probleme hat, spricht ein Freund mit einem. Das ist ein Freund. Die alle hier sind einsam. Sie sprechen miteinander, sie sind zusammen, als Kumpel, aber nicht als richtige Freunde.

Hier ist jeder auf Lockerung aus. Neulich fehlte es am Essen, und alle auf seiner Station sagten: »Wir gehen nicht arbeiten!« Als er dann um halb eins aus seiner Zelle kam, sah er, wie die ausrückten. Von den dreiunddreißig Leuten blieben nur sechs oder sieben drinnen. Der Rest ging arbeiten. Ohne Essen. Viele aus der früheren DDR wundern sich. Bei denen gab es Zusammenhalt, auch ohne Absprache. Und es gab Klopfzeichen. Er kennt viele Leute hier, und einer hat ihm davon erzählt. Die Klopfzeichen lernte man mit der Zeit kennen. Bestimmte Buchstaben hatten eine bestimmte Anzahl von Klopfbewegungen, wie ein Morsealphabet. Aber das ist nirgendwo aufgeschrieben. Weil F der sechste Buchstabe ist, musste man sechsmal klopfen. A war einmal klopfen, R dementsprechend öfter. Mit einem Messer machte man die Trennung der Buchstaben, strich kurz über die Wand. Das hörte der auf der anderen Seite, egal, ob das nun dicke Betonmauern waren oder dünne. Die machten das meistens mit Löffeln. Das ging die ganze Nacht durch. Mit der Zeit hörte man wohl raus, ob man selber gemeint war. Zahlen und Buchstaben konnte man unterscheiden. Die hatten meist dreistellige Zahlen als Zellennummern, da musste man jede Ziffer einzeln nehmen. Wenn einer zweimal klopfte und einen Strich machte, konnte das B sein oder eine 2. Klopfte der dann dreimal, war das eine 3 oder ein C. Man kriegte mit, der meint Zahlen, der meint die Zelle 237 zum Beispiel. Wenn man nicht gemeint war, konnte man sich hinlegen und weiterschlafen oder das weiterfunken. Das war gang und gäbe gewesen in den DDR-Gefängnissen. Hier gibt es so etwas nicht.

Viele hier haben sich aufgegeben. Die lassen sich früher einschließen, weil sie nicht mehr wissen, was sie draußen auf den Fluren machen sollen. Die sagen einfach: »Um sechs Uhr braucht ihr bei mir gar nicht mehr aufzumachen, ich will meine Ruhe haben. Ich mach gar nicht mehr auf.« Das ging ihm früher, in dem anderen Haus, auch manchmal so. Aber dann klopften die Leute an und sagten: »Was machst du unter Verschluss? Willst du nichts mehr mit uns zu tun haben?« Er wollte nicht, dass es ihm mal so ergeht wie dem einen, dem sie mit einem Wasserschlauch Wasser durch den Spion spritzten, als der unter Verschluss war. Das war grausam von denen.

Die Hälfte der Leute hier drin ist gar nicht kriminell, sondern entweder krank – Pyromanen, Brandstifter oder Kleptomanen –, oder es sind Leute, bei denen es einfach nur dumm gelaufen ist. Wenn einer einen saufen geht und Stress kriegt und einem eins, zwei auf den Kopf gibt, und der fällt und schlägt blöd auf, dann hat er einen Totschlag am Hals. Auch schnell mal acht Jahre. Der Mensch, der dann so hier reinkommt, ist gar nicht kriminell. Für solche Leute ist es sehr schwer, hier ihren Weg zu finden, unter all den Kriminellen, Dieben, Einbrechern und Räubern, unter Leuten wie ihm.

Er selbst ist am liebsten alleine. Er macht seine Arbeit, kümmert sich um nichts, lacht zwar, hat auch seinen Spaß, hat ein paar Leute, mit denen er Karten spielt oder Tischtennis oder Fußball. Dann reden sie auch mal über Sport, über Essen, manchmal über Frauen. Sie reden nicht über die Taten, sondern über Sex und die Dinge, die sie nicht haben. Aber die meisten reden am liebsten über sich, darüber, wie ungerecht das Leben ist. Er hat auch Kameraden, aber hier muss man auf sich selbst aufpassen. Man muss mit dem Arsch an der Wand langlaufen. So versucht hier jeder durchzukommen, so gut es geht. Für ihn gibt es ein Gefängnis, in dem er ist, und auch eines, das in ihm ist, eine Mauer im Kopf. Auch vom Kopf her ist er nicht frei. Wer eingesperrt ist, ist körperlich und geistig eingeschlossen, findet er. Man blockiert, man lässt nichts zu. Manchmal denkt er, er müsste die Mauer abtragen, die er sich selbst aufgebaut hat, sonst geht es nicht. Er hat hier einiges gelernt: Entweder man wird ganz weich hier oder man wird ganz hart. Mittel ist sehr schwer, das können die wenigsten. Es kommt darauf an, was man für Ziele hat, denkt er. Wer noch jung ist, will vielleicht eine Familie gründen. Ein junger Mensch kann sich leichter integrieren, kann später den Stress, den er hier erlebt, leichter vergessen und wieder dort beginnen, wo er aufgehört hat.

Aber es gibt viele Leute hier, die älter sind als er und die gegen all das hier ankämpfen. Damit sie keine großen Schmerzen haben, werden sie hart. Das heißt, ihr Herz wird hart, und sie blocken ab. Denen kann man nicht mehr wehtun. Das ist ja auch normal, denkt er, das ist ein Schutz. Man kann sie einsperren, solange man will, aber das bringt nichts, weil sie abgehärtet sind. Denen ist egal, was man mit ihnen macht. Diese Leute sind auf der schlechten Seite, und es ist sehr schwer, sie dort wieder rauszuholen. Hier zu sein, wünscht er keinem.

WIRTSCHAFT

Von den fast 1800 Leuten hier haben knapp tausend Arbeit, zum Teil als Hausarbeiter, als Hofarbeiter, Büchereikalfaktor, Diätkalfaktor, Sportkalfaktor; es werden immer neue Arbeitsstellen erfunden. Früher gab es einen Menschen, der für das Treppenhaus zuständig war, jetzt sind es zwei Treppenhausreiniger, einer nimmt die linke, einer die rechte Hälfte der Treppe. Es gibt verschiedene Betriebe: Tischlerei, Druckerei, Setzerei, Malerei, Schuhmacherei, Glaserei, Schlosserei, dann Unternehmen eins, Unternehmen zwei, das ist eine Fremdfirma von draußen, ein Sortierbetrieb, da werden Kugelschreiber zusammengeschraubt und Karten zusammengelegt und dergleichen Dinge. Dann gibt's ein A- und B-Kommando. Das B-Kommando entsorgt innerhalb der Anstalt Müll und transportiert Möbel von einem Haus ins andere. Das A-Kommando macht außerhalb der Anstalt Arbeiten.

Er kennt einen, der ist seit knapp einem Jahr hier, ein ziemlich kleiner Fisch. Manchmal denkt der trotzdem, er kommt hier nie wieder raus, weil die Tage nicht vergehen und die Arbeit Scheiße ist. Der arbeitet in der Holzbude und hat einen Meister, der keine Ahnung von Holz hat. Und so einer will dem dann was über Holz erzählen. Davon kriegt der, den er kennt, einen fetten Hals und sagt dem Meister, dass er ihm die Glatze einhaut, nur verbal natürlich.

Sie haben hier auch Ausbildungsbetriebe. Für viele, die ein paar Jahre hier bleiben, ist das die erste Möglichkeit, eine Ausbildung zu machen, neben dem Schulbetrieb, den es hier auch gibt. Ausgebildet wird bei den Bäckern und als Koch, das macht eine Stiftung. Neu sind Maler und Lackierer als Ausbildungsbetrieb, richtige Kfz-Mechaniker und Drucker werden auch ausgebildet. Für Langstrafer, die elf, zwölf, fünfzehn Jahre hier sind, ist das schlecht. Wenn die hier ihre Lehre machen, finden die draußen nichts. Da braucht man keine Lehre zu machen. Während es einige Bereiche gibt, wo man nach der Lehre hier drin weiterarbeiten kann, etwa die Tischlerei, die Setzerei und die Druckerei, gibt es andere, wo das nicht üblich ist. Da werden Leute zu Köchen ausgebildet, aber wenn die fertig sind mit der Ausbildung, arbeiten sie möglicherweise als Betonmischer und werden nicht etwa in der Anstaltsküche eingesetzt. Da setzt man lieber Leute ein, die von Kochen keine Ahnung haben, Maurer zum Beispiel, weil die nicht so viel mitdenken können.

Er kennt einen, der hatte am Ende des dritten Tages hier schon fünfzehn Vormelder geschrieben, wegen Arbeit. Aber der kriegt keine Arbeit. Wenn er welche bekäme, könnte er seiner Frau und seinem Kind jeden Monat fünfzig Mark oder hundert Mark schicken. Aber der kriegt keine Arbeit, da kann er zehnmal zu seinem Sozialarbeiter gehen und ihn fragen – das interessiert den gar nicht, weil dieser Gefangene Ausländer ist. Deshalb denkt dieser Gefangene auch, dass der Sozialarbeiter ihn hasst.

Die Schreinerei ist keine richtige Schreinerei, sondern da machen sie für Siemens Holzrahmen für die Kühlschränke, für den Transport. Die Tischlerei ist ein Senatsbetrieb, da fehlt es an Geld, so dass von dreiundzwanzig Mann runtergefahren wurde auf elf. Das hat zur Folge, dass die Leute in den Zellen sitzen. In der Druckerei haben vor zehn Jahren noch fünfzehn Mann gearbeitet. Heute sind es gerade mal acht. Sieben müssen in der Zelle sitzen und haben keine Arbeit.

———————

Manchmal ist es zum Beispiel so, dass der Täter eine gespaltene Persönlichkeit ist. Einmal hat er ein Herz aus Gold, ist aber wiederum auch ein Stück brutal, weil er halt das Gute und das Schlechte in sich hat wie jeder Mensch. Nur, bei manch einem wird das extrem, hervorgerufen durch Gewaltbereitschaft. Und man sucht halt auch das Spiel mit dem Leben der anderen, mit der Macht, die man dann hat, dieses Machtgefühl, über Leben und Tod entscheiden zu dürfen oder zu können. Bei mir war das so.

Meine Familie hat sich von mir losgesagt, sie will mit mir nichts zu tun haben. Weil ich zu oft schon versprochen habe, es wird nie mehr etwas passieren. Und '95 bin ich leider wieder rückfällig geworden, weil ich eben mit bestimmten Situationen nicht umgehen konnte, mich auszudrücken oder halt eben über meine Schwierigkeiten zu sprechen. Das Ergebnis war: Ich habe über ein Jahr lang alles in mich reingefressen, und dann kam der berühmte Tropfen, der das Fass zum Überlaufen bringt. Ich bin nach Berlin runtergefahren, und da kam dann diese böse Sache, die mich für fast zehn Jahre in den Knast gebracht hat.

Meine Macht hatte ich, um meine Forderung zu bekommen: Geld, Auto. Meine Geiseln waren vor allem ein Druckmittel gegen diesen Staat, gegen dieses Bollwerk der Machtinstitution Polizei und Justiz. Da war ich voller Hass. Und dann dieses Machtgefühl: Ich hab euch jetzt! Jetzt müsst ihr machen, was ich will. Aber dieses Machtgefühl hat nicht lange angehalten. Weil dann irgendwann das persönliche Gespräch mit den Geiseln kam, zwischen den Geiseln und mir. Nach einer gewissen Zeit hatte ich nur noch Angst um die Geiseln. Weil die Macht, die Justiz, die Polizei, die nehmen in dem Moment auch keine Rücksicht auf die Geiseln, wenn sie einmal in Gang gesetzt worden sind. Sollte da eine Geisel bei sterben, wird das als Verlust mit einkalkuliert. Das hat man in dem Gladbecker Geiseldrama gesehen: Zwei Menschen wurden getötet, weil sie mit diesem Verlust kalkuliert haben. Ein fünfzehnjähriger Junge und die Silke Bischof, achtzehn Jahre alt, ein bildhübsches Mädchen, mussten sterben, weil die so kalkuliert hatten, um die beiden außer Gefecht zu setzen.

Dieses Bild lief bei mir ab, als ich die ganzen Polizisten, SEK, MEK, mit ihren Scharfschützengewehren sah. Da dachte ich an das Gladbecker Geiseldrama und bekam Angst, dass den Geiseln etwas passieren könnte. Ich habe zu den Geiseln gesagt: Wenn die kommen, legt euch ganz glatt auf den Boden. Was mit mir passiert, ist unwichtig. In dem Moment hatte ich um mein eigenes Leben gar keine Angst. Nur um das Leben der Geiseln, weil: Diese Menschen hatten doch gar nichts verbrochen. Die konnten ja gar nichts dafür, dass ich sie als Geiseln genommen hatte, also hatten die auch nicht das Recht, die Geiseln zu verletzen. Und ich muss ganz ehrlich sagen, ich fand das eigentlich von mir persönlich schon ziemlich beeindruckend, dass ein Mensch, der so gewaltbereit ist, sich in dem Moment auch wieder ein Herz nimmt und sich Sorgen um die Geiseln macht. Das zeugt doch davon, dass dieser Geiselnehmer, dieser Verbrecher, gar nicht so ein eiskalter Typ ist, sondern ein Mensch, der viele Gefühle hat. Ein Mensch, der seine Gefühle doch ein Stück zulässt. Weil, ich bin kein Mensch, der damit leben könnte, wenn einer der Geiseln was passiert wäre. Ich glaube, da hätte ich nicht mit leben können.

In Holland wurde ich damals wegen Entführung, irgendwelcher Erpressung und Widerstand gegen die Staatsgewalt zu viereinhalb Jahren verurteilt. Und '88, in meiner Heimatstadt, wegen schwerem bewaffnetem Raubüberfall zu fünfeinhalb Jahren. Ich habe dann meine Zeit fast ganz abgesessen, bis auf läppische zehn Monate. Hier jetzt habe ich mir erst mal einen richtigen Schuh abgeholt, neuneinhalb Jahre. Ich vermute mal drei Jahre für den Bankraub und sechs Jahre für die Geiselnahme. Hinzu kam noch mein Bewährungswiderruf von zehn Monaten, da kam ich dann auf zehn Jahre vier Monate. Ein Teil der Untersuchungshaft wurde mir angerechnet, da blieb es dann bei zehn Jahren, die ich hatte.

Verachtung für den Menschen, Wut und eben Hass, das hat mich so weit gebracht, Menschen zu verletzen – nicht nur körperlich, sondern auch psychisch, seelisch. Was ich eigentlich nie wollte. Weil, ich bin da eigentlich – wie sagte die Gutachterin? –, ich bin eine gespaltene Persönlichkeit. Am Siebzehnten bin ich bei »Vera am Mittag« bei der Sendung dabei gewesen. Zwar nur durch Telefon, aber das war schon ein komisches Gefühl. Eine meiner Geiseln, die Margret, die hat mich in meiner Gefühlswelt schon ganz schön durcheinander gebracht. Sie hat zu mir in der Sendung gesagt: Die Strafe, die ich bekommen habe, hier in Berlin bei der Großen Strafkammer, die wäre einfach zu hoch gewesen. Ich wusste gar nicht mehr, was ich sagen sollte, weil mich diese Sache unwahrscheinlich beschämt hat. Dass ein Mensch, der durch meine Gewalt in Gefahr gekommen ist, so etwas über mich sagt! Am Ende des Interviews habe ich dann die Margret gebeten, ihren Kollegen zu sagen, dass ich sie um Verzeihung bitten möchte, für das, was ich ihnen angetan habe. Danach war ich zwei, drei Tage nicht ansprechbar, weil mich das doch ziemlich betroffen gemacht hat, dass ein Mensch, der durch mich in Gefahr gekommen ist, mir das Gefühl gegeben hat, dass ich trotzdem noch was wert bin. Das war eine sehr schöne Erfahrung für mich.

Wenn er zehn Jahre hier inhaftiert ist: Weiß er noch, wie Geld aussieht? Weiß er noch, wie man mit Geld umgeht? Kann er gar nicht wissen, hat er ja hier gar nicht. Weiß er noch, wie man einkauft außer über einen Bestellschein, mit dem er Zucker und Mehl und Limonade, Tabak, Kaffee kauft? Wie kauft man eine Hose?

Wer keine Arbeit hat, bekommt Taschengeld. Und wer schuldhaft von der Arbeit abgelöst wird, bekommt drei Monate keinen Lohn, drei Monate kein Taschengeld. Das normale Taschengeld beläuft sich auf zwei Mark einundsiebzig pro Tag, Fünftagewoche. Er selbst verdient bei seiner Arbeit hundertachtunddreißig Mark. Davon soll er sich seine Telefonkarte kaufen, Kaffee, Tabak, normalerweise auch Kosmetika, denn es gibt ja hier kein Waschpulver. Es gibt zwar Seife, und Zahnpasta gibt es auch, aber alles andere muss er sich kaufen. Mit ungefähr zwei Mark am Tag. Frühstück, Mittag und Abendbrot kriegt er ja, und warm hat er es auch. Also fragen die sich wohl, wozu braucht er denn überhaupt Geld? Er wundert sich nicht, wenn die Leute hier Geschäfte machen, das ist ganz normal, so abgeschirmt, wie man hier lebt. Aber draußen reden alle vom Hotelvollzug. Er möchte einmal die Leute sehen, die so was sagen, die sollen mal eine Woche kommen, sich das angucken. Danach gehen die bestimmt nicht mehr hier rein.

Es gibt ein Lohngruppensystem von eins bis fünf. Er hofft, dass es ab nächstem Jahr mehr Lohn gibt. Momentan kriegt man fünf Prozent vom Fixlohn, das heißt, man kann zehn Mark einunddreißig verdienen. Pro Tag. Es war vorgesehen, dass das bis zum Jahre 1986 auf vierzig Prozent erhöht wird, damit die Gefangenen in die Lage versetzt werden sollten, ihre Angehörigen zu unterstützen, Schulden zu bezahlen und auch eine eigene Rentenversicherung abzuschließen. Bald sollen wohl statt fünf sieben oder fünfzehn Prozent gezahlt werden.

Er kennt einen, der ist Treppenreiniger, ein undankbarer Job. Der rennt den Leuten hinterher, Kippenaufsammeln und dies und das. Kommt viel rum, aber was nützt das? Sanitärarbeiter hat der auch mal gemacht, Klos rausgenommen und reingesetzt, auf jeden Fall besser als dieser Job jetzt. Am Monatsende hat der auch hundertachtunddreißig Mark, wenn's hochkommt. Nicht viel. Draußen ist das alles viel einfacher. Das Leben ist zwar genauso hart, weil man da auch jeden Pfennig einzeln umdrehen muss, aber man hat doch mehr Ausweichmöglichkeiten. Hier muss man nehmen, was kommt. Fleisch zum Beispiel kann er sich nicht leisten. Er isst das, was er hier kriegt, seinen Kuchen, den er gebacken hat, ab und zu macht er sich seine Pizza. Da braucht er nicht viel, da braucht er Mehl, Ei, Salz, eine Prise Backpulver.

In der Untersuchungshaft hatten sie keinen Einkauf. Wer von da kommt, kriegt ein Marschpaket mit. Da ist Tabak drin, Blättchen, eine Fünf-Mark-Telefonkarte, zwei Briefmarken, Papier und ein Kugelschreiber, was aber nachher wieder abgezogen wird vom Verdienst oder vom Hausgeld oder vom Taschengeld. Es gibt Gefangene, die mittellos sind, die kein Geld haben, überhaupt kein Geld. Aber Geldgeschäfte gibt es überall. In einem der Häuser machen das die Rumänen, die Jugoslawen oder die Kosovo-Albaner. Die brauchen sich keinen Kopf zu machen um ihre Akten und Beurteilungen, weil sie wissen, sie gehen in zwölf oder vierzehn Monaten wieder. Jeder kann sich was suchen, jeder kann Geld verleihen oder Drogen. Irgendwann aber klopfen ein paar Leute bei einem an und sagen: »Was habe ich gehört, du verleihst Geld? Wenn hier einer Gelder verleiht, dann bin ich das und sonst keiner.« Da muss man halt sehen, wie man sich mit den Leuten arrangiert. Oder man hört mit dem Geldverleihen auf.

Manche schaffen es, sich hier durchzumogeln, mit Geschäften, mit Drogen oder sonst wie: Die haben einen guten Start. Aber die Armen von den Familien draußen, die Väter, die nichts haben, die sind schlecht dran. Die kommen schlimmer raus, als sie reinkamen. Entweder verkaufen sie ihren Schmuck, oder sie werden anders rum und verkaufen ihren Körper. In seinen Augen ist das Gefängnis eine Zweiklassenwelt: die Reichen zu den Reichen, die Ärmsten zu den Armen. Da, wo die Reichen sind, kommt auch kein Beamter rein. Es gibt hier Gefangene, die werden besser behandelt als alle anderen. Manche wollen das nicht sehen. In jeder Anstalt gibt es unter den Beamten schwarze Schafe. Die Anstaltsleitung und sogar die Justiz: Alle lassen sich bestechen, denkt er, mit irgendwas kriegt man jeden. Wenn von hundert Gefangenen nur zehn einmal rich-

tig das Maul aufmachen würden, dann müsste man
den Laden hier zuschütten.

Ich habe versucht, dem Staat auf eigene Kosten ein wenig unter die Arme zu greifen. Ich hatte gemerkt, dass
die Polizei in Sachen Raser völlig überfordert war. Man
sieht ja Tod und Teufel auf den Straßen. Da ich gerade
nichts anderes zu tun hatte, war ich auf diesen Gedanken gekommen. Ich hatte einen hellblauen Passat-
Kombi, Baujahr '94 und hatte schon so viele Menschen
geblendet. Die waren reingefallen auf meine Überzeu-
gungskraft. Ich dachte, das kann durchaus was sein, damit kannst du Geld verdienen: Ab heute bist du Polizist.

Bei Conrad-Elektronik kaufte ich Plastik-Blanko-
Chip-Karten. Dann scannte ich eine freie Seite aus dem
Reisepass ab, wo der Bundesadler so schön zu sehen
ist. Auf einer durchsichtigen Klebefolie überschrieb ich
das mit »Bundesrepublik Deutschland, Behörde für In-
neres, Polizei, Bediensteter Plohmann, POM, Polizei-
obermeister«. Meine Dienstnummer war 31-508. Ich
schnitt ein kleines Passfoto von mir zurecht und legte
das alles unter die Klebefolie. Links war der Chip, in der
Mitte der Bundesadler, rechts das Foto. Das alles steck-
te ich in eine Ausweishülle und druckte mir mit einem
Visitenkartenprogramm unter derselben Überschrift
Quittungen zum Abreißen.

Bevor es losging, fuhr ich beim Globus-Baumarkt
vorbei. Die netten Herren waren so freundlich und säg-

ten mir in einen Plastikteller einen Kreis. Ich kaufte einen Hammerstiel, Teppichklebeband, eine Armeetaschenlampe, rot-grün, Klebefolie, Sprühfarbe und Klebebuchstaben. Das alles baute ich auf der Rückbank des Passats zusammen. Ein signalroter Rand, dann noch Klebebuchstaben: »Halt, Polizei!«, und fertig war die Kelle. Dann kaufte ich ein Blaulicht mit Stroboskop, keine Tellerrundumleuchte, sondern ein Flashlight. Schließlich bin ich ein moderner falscher Polizist.

Am Anfang war ich noch vorsichtig, da nahm ich nur Ausländer, die sich nicht auskannten. Der Erste war ein LKW, ein Schwede. Ich versuchte, ihn auszubremsen und ihn mit dem Arm auf die nächste Raststätte zu winken, aber der wollte mich wohl nicht für voll nehmen. Da wurde ich doch ein bisschen sauer. An der dritten Raststätte machte ich mein Schiebedach auf, stellte mein Stroboskop-Blaulicht mit Magnet aufs Dach und ließ es ein paar Mal aufblitzen. Als ich vor ihm einscherte, sah er durchs Dach die Kelle. Das war ein ganz schöner Akt, denn durch den Fahrtwind, dachte ich, geht mir die Kelle kaputt. Er gab Lichthupe, um zu zeigen, dass er verstanden hatte. Auf der Raststätte ging ich mit zitternden Knien hin und sagte ihm, warum ich ihn angehalten hatte: »So geht das nicht. Jetzt wollen wir uns erst mal die Ladung angucken.« Ladepapiere gezeigt und so weiter. Ich glaube, der war nervöser als ich.

Ein, zwei Tage später hielt ich auch deutsche Fahrzeuge an. Von meinen Einnahmen kaufte ich mir ein Werbelaufband, das man selber programmieren konnte, und schloss es an den Zigarettenanzünder an. Ich gab ein, was aufleuchten sollte, und befestigte das hinten in der Heckscheibe. Wenn dann so ein Raser, so ein Schwein, ankam, setzte ich mich vor ihn, Blaulicht auf dem Dach, und drückte aufs Knöpfchen. Dann leuchtete in der Heckscheibe ganz groß im zweisekündigen Wechsel »Polizei! Bitte folgen!« auf. Dasselbe hatte ich in Spiegelschrift auch vorne auf der Sonnenblende stehen, damit ich auch im Rückspiegel zu erkennen war. So war ich also unterwegs und kassierte.

Sehr bald schon wurde ich autoritär: Aussteigen, Lederjacke an, in die Innentasche greifen, Scheibe runter, Ausweis hinhalten. Das war ein schönes Gefühl, wenn man den Leuten den Angstschweiß auf der Stirn stehen sah und sich die dümmsten Ausreden anhören konnte. Meine erste Frage war immer: Führerschein, Fahrzeugpapiere, bitte. Das hektische Suchen signalisierte mir schon, dass sich der Fahrer seiner Schuld bewusst war. Ich fragte nur: »Haben Sie eine Ahnung, warum ich Sie angehalten habe?« – »Ja, also ich glaube, ich war ein bisschen schnell gewesen.« Großkotzig, wie ich war, sagte ich: »Ich hab ja heute meinen guten Tag. Und da Sie so einsichtig sind, überlasse ich Ihnen die Entscheidung: Entweder, Sie bekommen einen ganz normalen Bußgeldbescheid nach Hause, oder ... Sie machen mir eigentlich einen sympathischen Eindruck, und ich will es bei einer Verwarnung belassen. Die würde Sie dann fünfzig Mark kosten.« Mindestens, je nach Sachlage: Für ein bisschen zu schnell nahm ich meistens fünfzig Mark, in extremeren Fällen war das schon mal etwas mehr. Der sagte dann: »Ja, Geld hab ich dabei. Krieg ich denn auch eine Quittung?« – »Ja, wir sind doch hier nicht in Polen oder Russland oder bei der Mafia. Hier geht alles streng seinen Gang. Selbstverständlich kriegen Sie eine Quittung.« Dann gab er mir die fünfzig Mark, kassierte die Quittung und zog weiter.

Einer fiel mir schon völlig besoffen auf dem Parkplatz vor die Füße und auf die Knie, weil er nicht richtig aussteigen konnte. Den verwarnte ich mit hundertfünfzig Mark: »Ich will wegen dir nicht auch noch Schreibarbeiten haben. Das kann ja keiner mit ansehen.« Der heulte mich dann voll, seine Frau sei ihm abgehauen. Ich sagte dann: »Meine war mir damals auch abgehauen, ich kann das sehr gut nachvollziehen. Legst dich hinten auf den Rücksitz und schläfst dich erst mal aus.« Er hat bezahlt, und dann war die Sache erledigt.

Die Krönung des Ganzen passierte an der polnischen Grenze. Ich hatte wieder einen ereignisreichen Tag gehabt und viele Autos angehalten; ich fuhr auf eine Raststätte und dachte: Jetzt zählst du erst mal, ob du schon Feierabend machen kannst. Aber das Bild, das sich mir da dann bot, werde ich so schnell nicht vergessen. Ein weißer Ford Transit, polnische Nummer, steht frech quer über die Parkmarkierungen. Und ich sehe zwei Polen einen Kühlschrank ausladen und hinter einem Baum abstellen. Ich sage: Das kann's ja wohl nicht sein, also euch nehme ich noch mit. Ich stelle mich ans Ende der Ausfahrt, und die kommen dann auch mit ihrem Ford Transit, ohne Kühlschrank. Ich steige aus, zücke meine falsche Kelle und winke sie

hinter mein »Dienstfahrzeug« ein: »Ausweis, Führerschein, Fahrzeugpapiere, Visum, alles, was ihr dabei
habt, will ich sehen!« Da fragt der mich doch rotzfrech:
»Was Problem Chef?« – »Was das Problem ist? Habt
ihr nicht was vergessen?« – »Warum? Was vergessen?«
Ich sage: »Na, euren ollen Kühlschrank dahinten hin-
term Baum.« – »Ja, Problem mit Transport.« – »Euer
Transportproblem interessiert mich nicht. Was glaubt
ihr, wo ihr seid? Deutschland ist doch keine Mülldepo-
nie! Jetzt fahrt ihr erst mal zurück und ladet euren
Kühlschrank wieder ein!« Die setzen zurück und laden
den Kühlschrank wieder ein. Dann wollen sie ihre Papiere wiederhaben, da sage ich: »Moment. Das macht
erst mal wegen Umweltverschmutzung zweihundert
Mark Strafe.« Der bezahlt und kriegt seine Quittung.
Dann sagt sein Kollege: »Scheiß deutsche Polizei, immer macht Probleme!« – »Scheiß deutsche Polizei?
Zeigt mir doch mal euren Verbandskasten.« Das sah so
widerlich aus: Ein Stück Schlauch, dreckige Mullbinde,
angegammeltes Pflaster, mehr nicht: »Was? Noch nicht
mal eine anständige Schere drin, wenn ihr auf unseren
Straßen unterwegs seid? Ich zeig euch mal, wie ein Verbandskasten auszusehen hat.« Ich nehme meinen Verbandskasten raus, klappe den auf und zeige, alles schön
in Folie eingepackt. Ist zwar längst abgelaufen, aber das
interessiert ja nicht: »So hat der auszusehen. Das macht
also noch mal fünfzig Mark Strafe.« Er zückt wieder
fünfzig Mark, und dann kriegen sich die beiden Polen
in die Haare. Der eine hat wohl Angst, dass es noch
mehr werden könnte. Ich sage: »Jetzt fahrt ihr mir erst

mal hinterher.« Die denken wohl, zur nächsten Tankstelle, neuen Verbandskasten kaufen oder so.

Hinten habe ich »Polizei! Bitte folgen!« an und fahre also die Autobahn Richtung Bundesgrenze. Als ich die letzte Ausfahrt vor der Grenze erreiche, setzen die doch hinter mir kackfrech den Blinker, um da runterzufahren. Ich stelle mein blaues Ei aufs Dach, und die halten hinter mir an. Wieder kommt die Frage: »Was Problem Chef?« Ich sage: »Was das Problem ist? Seht ihr das Ding da vorne, diese verschiedenen Einfahrten da?« – »Ja, das Grenze.« Ich sage: »Ja, natürlich ist das die Grenze. Da fahrt ihr jetzt rüber. Hier nicht mehr.« – »Aber das Polen!« – »Ja, das Polen. Dahin fahrt ihr auch jetzt wieder zurück.« So sind sie also mit ihrem Transit über die Grenze gefahren. Das nenne ich eine erfolgreiche Ausweisung.

Ich ging ja durch sämtliche Medien. Aber ich war mir meiner Sache so sicher, dass ich nicht einsah, Nachrichten oder sonst was zu gucken. Eines Morgens fuhr ich in Richtung Berlin, und nach einer Weile setzte sich so ein grünweiß gestreifter VW-Bus vor mich. Die vermeintlichen Kollegen machten in der Heckscheibe ein Ding an, das mir bekannt vorkam: »Bitte folgen!« Ich fuhr hinterher, ließ die Kelle unterm Sitz und den Ausweis in der Brusttasche verschwinden. Die stoppen mich, und einer fragt mich, was ich die Leute auch gefragt habe: Fahrzeugpapiere, Pass und so weiter. »Ja«, fragt der nebenbei, »wie lange machen Sie das denn schon?« – »Wieso, was? War ich zu schnell?« – »Zu schnell waren Sie nicht.« – »Warum haben Sie mich denn angehalten?« Da fordert er mich auf, auszusteigen und in den Streifenwagen umzusteigen.

Ein Uniformierter begleitet mich; der andere bleibt am Fahrzeug, sieht sich den Wagen an und brüllt: »Guck mal, was ich hier gefunden habe!« Ich drehe mich um: Hält der da die Kelle hoch! Ich sage ganz entsetzt: »Das ist ja eine Polizeikelle, wie kommt die denn dahin?« Ich bin so nervös, dass ich eine Zigarettenschachtel auf den Boden fallen lasse. Ich beuge mich nach vorne, um sie aufzuheben, und da klatscht mir der Ausweis aus der Brusttasche und bleibt aufgeklappt liegen. Da sagt der Uniformierte in seinem Sarkasmus: »Sie hätten uns doch sagen können, dass Sie ein Kollege sind. Laden wir Sie erst mal mit zur Wache ein, da kriegen Sie eine Tasse Kaffee als Entschuldigung.« Auf der Wache stellten sie das Radio an, und da hörte ich auf einmal: »Hier sind die Verkehrsnachrichten: Der falsche Autobahnpolizist von der A19 bei Rostock ist gefasst. Sie haben wieder freie Fahrt.«

Die Polizei stritt mit der Rostocker Kripo darüber, wer die Kelle und den Ausweis kriegte, weil sie so was noch nie erlebt hatten: »Geben Sie die Sachen denn frei, wenn das Verfahren abgeschlossen ist? Wir haben so eine schöne Vitrine da vorne, da drin würden wir die ganz gerne zur Schau stellen.« – »Von mir aus. Mir ist das doch egal, wo das Zeug bleibt. Ich hab im Moment andere Sorgen.« Aber das hat die wenig gekümmert.

Den leeren Einkaufsschein kriegt er vorher. Dann füllt er das aus, zwei Tabak, fünfmal Kaffee, dann braucht er vielleicht mal ein bisschen Weißkohl, weil er kocht, oder Cola oder je nachdem. Das schreibt er alles auf, weil er hat ja seine Summe an Hausgeld, und danach kann er einkaufen. Er kriegt nichts Bares. Das Hausgeld steht auf dem Konto, ist gesperrt für den Einkauf und wird an die Firma überwiesen, die hier liefert. Früher war das die Firma König. Die nahmen rund zehn Prozent Aufschlag. Draußen bezahlt man bestimmt nur 49 Pfennig für eine Dose Cola, beim Einkauf hier bezahlte er eine Mark für eine Dose. Für Nescafé bezahlt man draußen acht Mark das Glas, 200 Gramm, hier bezahlte er dreizehn Mark. Auch beim Frischfleisch: zehn Knacker für dreißig Mark, ein Kilo Kotelett auch. Die verdienten dickes Geld hier. Jetzt kommt eine andere Firma.

Morgen ist Einkauf, Großeinkauf für alle Leute, die Einkauf haben, vorne beim Pavillon. Da wird durchgerufen: »Station eins, zwei, den Einkauf abholen!« Erst werden die Ausgänger und Urlauber durchgerufen, dann kommen die Hausarbeiter dran: »Hausarbeiter, Einkauf abholen, Einkauf abholen!« Und dann kommen etagenweise Station eins, zwei, Station drei, vier, Station fünf, sechs, Station sieben, acht, Station neun, zehn und dann Station elf, zwölf. Dann gehen die runter, stehen an der Zentrale, und jeder kriegt seinen Abholschein für den Einkauf in die Hand gedrückt und darf dann durchgehen.

Sein Abholschein ist schon ausgefüllt, das ist ein

kleiner weißer Zettel, da steht seine Buchnummer, sein Name, seine Teilanstalt. »Haftraumnummer xy ist berechtigt, den Einkauf am Soundsovielten abzuholen.« An der Seite ist ein Zipfel mit der Nummer. Er legt den Zettel hin und unterschreibt auf einer Liste, einer Buchliste, in der sein Name steht. Dann wird das verpackte Zeug an den Tisch geholt. Dann wird erst mal kontrolliert, was auf dem Einkaufsschein steht, Tabak und so weiter. Es wird kontrolliert, ob auch da ist, was da draufsteht.

Ich möchte mit keinem tauschen, der weniger erlebt hat. Aber ich möchte auch keinem raten, das zu erleben, was ich erlebt habe. Diese Situation, die kam ja nicht von heute auf morgen. Ich war Sozialempfänger gewesen und hatte zur Untermiete bei einer sieben Jahre älteren Frau gelebt, die Alkoholikerin und tablettenabhängig gewesen ist. Und das gab dann irgendwann Konflikte, wo das Zusammenleben eigentlich nicht mehr so richtig möglich war. Und aus so einer Stress-Situation wollte ich dann raus. Ich konnte ja nicht wegrennen, ich musste in der Wohnung leben, war da gemeldet.

Ich bin unfähig, wahrscheinlich, selber zu lieben, weil mich auch keiner geliebt hat. Ich habe diese Erfahrung machen müssen bei meiner Mutter, als ich gemerkt habe, sie braucht meine Zuwendung. Aber dadurch, dass ich's nicht erfahren habe, war ich unfähig, es ihr zu geben. Insofern kann ich also behaupten, ich bin wahrscheinlich wirklich unfähig zu lieben. Man hat mir das schon öfter mal gesagt, dass das so ist. Ich meine, jeder ist irgendwie Opfer und Täter.

Es war nun mitten im Winter, und ich wollte auch nicht draußen in der Kälte irgendwo sein. Und da wollte ich mit einer Person, die überdimensional alkoholisiert war und die auch Anstand machte, dass sie mit mir in Gewalt ausarten wird: Da wollt ich mich dagegen wehren. Und das habe ich dann auf meine primitive Art getan, dass ich sie mit einer Wäscheleine, die grade in der Gegend lag, wo wir uns aufgehalten haben in dem Zimmer, gefesselt habe. Und weil das nachts um eins gewesen ist und die Person natürlich nicht damit einverstanden war, gefesselt zu werden, schrie die Person.

In dieser Folgealternative und aus Angst vor den Nachbarn, da nahm ich Tesafilm, was eben auch grade da war. Ein anderer hätte ein Taschentuch genommen oder weiß ich was, aber nun war es grade Tesafilm, und damit klebte es sich so schön über den Mund rüber. Und dann hat die Frau sich eben echauffiert und ereifert, aber das hat man dann nicht mehr so sehr mitbekommen. Ich war auch in diesen wenigen Minuten unfähig, noch klar denken zu können, und hab mich erst mal frisch gemacht, indem ich mich mit kalt Wasser bespritzt habe. Und als ich dann wieder bemerkt habe, was ist jetzt passiert, da war es schon passiert. Da hat sich die Frau an ihrem Erbrochenen, sie war echauffiert, hat sie sich eben erstickt.

Ich kann das jetzt nur als Fazit ziehen, weil mir bewusst geworden ist, dass ich das mein ganzes Leben lang gesucht habe: Jemanden, der mich so akzeptiert, wie ich bin. Das hört sich wie ein Schlagertext an, aber ich denke, das will jeder. Jeder will jemanden finden, der ihn so nimmt, wie er ist, ohne sich zu verändern, ohne schauspielern zu müssen.

An die Tat denke ich nicht mehr zurück. Die haben mir beim Gericht schriftlich gegeben, dass ich da keine Gefühle gezeigt habe, keine Anteilnahme. Da kann ich mich nur darauf berufen, dass das daran gelegen hat, dass ich gedacht habe, da brauche ich mich nicht so drum zu kümmern, die sehen ja die Indizien, da kommen die schon selber drauf, die war ja tablettensüchtig, alkoholsüchtig. Die Nachbarn werden auch erzählen, was sie da gesehen haben. Das muss sich alles von alleine aufklären. Was soll ich da lange reden?

Dann hab ich sie befreit von den Fesseln, und da fing eigentlich meine gröbere Tat, also die Straftat an, in dieser Verzweiflung, in dem Zusammenhang, dass ich gewusst habe, Mann, jetzt hast du irgendwas Schlimmes gemacht, dafür wirst du bestimmt bestraft, weil sie eben übertriebene Notwehr geleistet hat. Dann war ich auch noch in der Annahme, dass ich sie vielleicht durch diese Fesselung stranguliert habe, weil sie sich ja auch immer bewegt hat. Sie ist innerhalb von – nach dem Gutachter – von zwei, drei Minuten gestorben. Ich meine, klar, sechzig Sekunden, hundertachtzig Sekunden, das kann ruhig lang sein, das gebe ich zu. Aber wenn ich davon ausgehe, dass sie in der ganzen Zeit vorher gelitten hat, Depressionen und so weiter – sie ist aus dem Fenster gesprungen und hat viele Sachen gemacht, die waren viel, viel schmerzhafter. Was ich sagen will: Sie ist bestimmt zufrieden, dass sie tot ist. Obwohl – ich hab das nicht vorgehabt, sie zu töten. Aber summa summarum würde ich sagen, ich bin sozusagen ihr Retter gewesen, wenn man das mal so sieht, rein theoretisch. Sie hat's jetzt hinter sich.

Diese vielen über den Körper führenden Striemen: da hab ich gedacht, die ist bestimmt stranguliert. Weil ich mich auch unfähig erkannte, diese Situation jemandem klar zu erklären – fällt mir ja jetzt schon schwer –, habe ich eben wirklich eine Straftat begangen, indem ich, weil ich kein Vertrauen zur Justiz und so weiter gehabt habe, die Frau aus dem Haus geschafft habe und irgendwo – man kann das dann ganz schlimm sagen: abgelagert habe. Könnte man so sagen.

Na klar, dass das eben eine grausame Ansicht gewesen ist, so eine Tote zu sehen, das ist logisch, wenn die da zwei, drei Tage oder vier Tage irgendwo im Freien liegt, wo Ratten oder so was zu Hause sind, die die da annagen, dass das grausam ist, das weiß ich auch. Aber wie sie eben getötet war, ich meine: umgekommen ist, das passiert am Tag mindestens zehn-, fünfzehnmal in jeder Großstadt, dass sich irgendwelche Partner, weil sie keine Zeit oder keinen Weg gefunden haben, miteinander zu reden, eskalieren. Dass irgendwo wegen meiner eine Strafe drin war, hab ich ja denn auch eingesehen oder sehe ich auch ein. Wegen der Vertuschung und so weiter. Aber dass das ein Totschlag geworden ist! Das war für mich ein Unfall, am Ende.

Dafür habe ich dann elf Jahre bekommen. Wenn ich

angerufen hätte und das alles erklärt hätte, hätte ich bestimmt nicht so viele Jahre bekommen. Aber ich denk mir nur mal das Beispiel mit dem Bubi Scholz, der mit dem Gewehr durch die Klotür schießt. Da hatte der doch auf jeden Fall billigend in Kauf genommen, dass dahinter eine Person steht. Und ich, ich hatte ja nur Angst gehabt, dass die Frau sich mit mir in irgendeine Schlägerei einlässt, in der dann irgendwelcher Körperschaden entsteht. Und bei einer Fesselung hab ich mir in meinem primitiven Kopf nichts Schlimmeres vorgestellt. Hab gedacht: Wenn die wieder nüchtern ist, kann man drüber reden, und dann kann man das alles wieder gut erklären. So schlimm ist das dann für mich geworden. Für sie natürlich am meisten. Weil sie übertriebene Notwehr geleistet hat.

Ich bin damit schon fertig geworden, bevor die Verhandlung angefangen hat. War meine Dummheit, dass ich die Verhandlung so an mir vorbeirutschen ließ, ohne die richtigen Fragen zu stellen. Die vielen Verletzungen, die da nachweislich waren, die konnten gar nicht von mir sein. Ich hab der höchstens einmal links, rechts eine geknallt, mehr nicht. Und ansonsten habe ich sie nur gefesselt und festgehalten. Obwohl ich sie nicht festhalten wollte und sie mir nur aus der Hand geglitten ist. Dann ist sie natürlich auf den Boden gefallen, das kann auch wieder, obwohl die tot war, einen Fleck geben. Ob das nach oder vor ihrem Tod gewesen ist, die Frage hätte man eben fragen müssen. Sind die Verletzungen auch möglich? Dass die nach ihrem Tod da ...? Wie lange war sie noch zu retten? Man kann ja schon tot sein und trotzdem noch zwei, drei Minuten haben, wo man sie noch mal retten könnte, wenn man die nötigen Geräte und die nötigen Handgriffe hat. Die hatte ich nun leider nicht. Das ist auch so eine instinktive Erfahrung von mir: Was sein soll, soll sein. Ich muss nicht einen Menschen retten, der im Grunde genommen schon tot ist, auch wenn er von vielen geliebt wird. Das ist vielleicht das Beste für ihn, nach dem Motto: Stirb jung! Die ganzen alten Menschen, geht's denen etwa gut, die da in den Altersheimen verwesen? Das kann mir keiner einreden. Was sein soll, soll sein.

———————

Mittags teilen einige Mittag aus – ohne weiße Mütze, ohne weiße Jacke, wie sie grade wollen. Rohkost gibt's kaum, Fleisch kriegt er nur fünfzig Gramm. Die Kartoffeln kann er an die Wand schmeißen, weil die noch roh sind. Er hat sich schon in der Küche beschwert. Wo bleibt der Satz von sieben Mark fünfzig am Tag? Die geben höchstens zwei Mark aus pro Gefangenem am Tag. Mehr ist das nicht wert, aber von den Gefangenen wollen sie Haftkosten haben.

Er kennt einen, der kriegt Schonkost. Der hat keine Zähne im Mund und wartet seit zwei Jahren auf seine Zähne. Das Geld dafür wird dem schon vorher abgezogen. Er selber kocht sich oft seine Diät, denn das Essen hier kann man nicht essen, das würde er lieber seinem Hund geben. In Moabit war es viel besser, richtig sauber und hat gut geschmeckt. Hier sieht es gut aus und

schmeckt überhaupt nicht. Es gibt fast immer Kartoffeln, er kann keine Kartoffeln mehr sehen. Er isst normalerweise Schweinefleisch. Aber hier ist Muslimkost
besser, also wollte er tauschen. Er hat zehn Anträge
geschrieben, ist zu dem Beamten gegangen, und der
hat gesagt, das machen wir klar. Aber er hat trotzdem
Schweinefleisch gekriegt. Er sagte: »Das esse ich nicht«,
und hat seinen Teller auf den Boden geschmissen:
»Warum muss ich das essen? Ich bin Muslim.« Dann
hat es geklappt.

Früher war das Essen besser, da kriegten sie viel
mehr Fleisch und mehr Obst. Oder die Sachen wurden
einfach besser verteilt. Jetzt ist das nicht mehr so. Zum
Beispiel gibt es samstags und montags Suppe, Gefäng-
nis-Suppe. Sie nennen es Hühnersuppe. Vielleicht ein
Huhn für 1800 Gefangene in einem großen Topf. Das
nennen die Hühnersuppe. Eine so schlechte Suppe
hatte er vorher noch nie gesehen, und jetzt jeden Samstag, jeden Montag. Deshalb sucht man nach Abwechs-
lung. Manchmal landet sogar eine von den Enten, die
hier rumlaufen, im Kochtopf. Das schmeckt richtig gut,
findet er.

Alkohol ist hier verboten, auch Hefe ist verboten,
weil man damit Schnaps machen kann. Aber er braucht
keine Hefe, um Schnaps zu machen. Das kann er so
machen: Früchtekompott, Zucker drauf und in einen
Eimer gepackt; aufgießen mit Wasser und Zucker.
Das gärt von alleine, man braucht immer nur Zucker.
Irgendwann hat man dann Alkohol. Hier kostet eine
Flasche Whisky etwa hundert Mark, also ungefähr so

viel wie im Hotel. Eine andere Flasche kostet ab siebzig Mark, Klarer oder so, Wodka und Bacardi achtzig,
Whisky eben hundert Mark. Wie das reinkommt, das
ist die Frage, das weiß er nicht, und alle rätseln, wie.
Aber es kommt rein, obwohl die Kontrollen machen.
Ein bisschen kommt immer rein, so viel Kontrolle gibt
es gar nicht.

Vielleicht arbeiten die Beamten ja auch mit den
Leuten hier zusammen und machen Geschäfte mit
Haschisch, mit Alkohol, mit Doping, mit Anabolika, er
weiß es nicht. Er weiß, hier gibt es viele Sachen, hier
wird viel Geld gemacht. Die, die hier das Sagen haben
bei den Drogen, die machen zehntausend, fünfzehntau-
send Mark die Woche, jeden Monat. Drogenhandel, das
ist das große Geschäft. Und diese Leute kriegen Lockerung, die kriegen alles. Vielleicht geben die den Sozialarbeitern und Beamten was. Diese Leute sind ja nicht
blind, aber ihn interessiert das nicht. Die großen Dea-
ler, die mit Drogen handeln, die erwischen sie nicht.
Bloß die kleinen, die haben sie gleich am Arsch.

Es gibt hier viele verschiedene Probleme, in Haus II
zum Beispiel oder in Haus III, nach dem Aufschluss
nachmittags: Die Leute mit Drogenproblemen, die keine
Therapie machen, benutzen die Freizeit, um ihren Stoff
zu besorgen. Sie fliegen vom ersten Stock zum vierten
Stock in einer halben Sekunde. »Gib mal eine Dosis«,
sagt der eine. Der andere sagt: »Nein.« Sagt der eine:
»Lass dich ficken.« – »Einverstanden«, sagt der andere,
obwohl er nicht schwul ist, sondern nur ein normaler
Junge. Die Erniedrigung geht bis zum Letzten. Die Leute

verkaufen alles, ihre Seele, den Tabak, den Kaffee. Zurzeit gibt es keine Freigabe von Spritzen, aber es gibt eine so genannte Drogenmafia hier, die Drogenpolizei, die ein und aus geht und die Taschen kontrolliert. Die sind nicht gerade nett und freundlich, die durchsuchen Zellen, rupfen die Matratzen auseinander und die Toiletten, weil sie meinen, da finden sie Drogen oder Haschisch oder irgendwas. Dass hier Drogen durchlaufen, weiß eigentlich jeder. Selbst die Justiz, der Richter, der Staatsanwalt, die ihn verurteilt haben, wissen, dass ein Alkoholiker in diesem Gefängnis jeden Tag damit in Berührung kommt. Mit den Drogen ist es genau dasselbe.

ZEIT

Die Zeit ist zeitlos, weil sich hier alles immer wieder-
holt, immer wieder von vorne. Deshalb sagt er, die Zeit
ist zeitlos. Das ist jeden Tag dasselbe, das ist monoton.
So ist auch sein Tagesablauf: Geweckt wird um sechs,
sechs Uhr dreißig. Da kommt ein Beamter rein und
schaut, ob der noch lebt, der Gefangene. Lebendkontrolle heißt das. Dann macht man sich Kaffee, raucht
eine Zigarette, geht in die Betriebe oder in die Schule,
macht seine drei, vier Blocks, verschiedene Fächer, oder
macht gar nichts, wenn man keine Arbeit hat. Um elf
Uhr dreißig ist Pause, da wird Mittag gegessen, da holt
er sich seinen Kübel, seine Schüssel, und füllt die mit
den Leckereien, die man hier so bekommt.

Ich hatte eigentlich eine schöne Kindheit. Ja, also meine
Kindheit, die war normal. Bis zu meiner Lehrzeit hatte
ich eine schöne Kindheit. Ich habe eigentlich nichts ver-
misst als Kind, habe immer alles gekriegt. Wir waren
drei Kinder, mein Vater hat gut verdient, eigene Tischlerei. Meine Mutter hat auch noch nebenbei gearbeitet,
aber nur aus Langeweile. Zu Hause wär ihr die Decke
auf den Kopf gefallen. Also von daher: Ich fand unsere
Kindheit gut.

Und dann sitzt er auf der Hütte, isst Mittag, hastig, zieht sich wieder zwei, drei Tassen Kaffee runter und raucht wieder eine Zigarette. Um zwölf Uhr dreißig ist schon wieder Arbeitsaufschluss. Dann geht es am Nachmittag wieder bis fünfzehn Uhr fünfzehn weiter, außer am Freitag. Und nachmittags von fünfzehn Uhr dreißig bis sechzehn Uhr dreißig ist Freistunde. Da kann er spazieren gehen, im Kreis rumlaufen. Um sechzehn Uhr fünfundvierzig oder siebzehn Uhr ist Zählung. Wieder Lebendkontrolle, ob keiner stiften gegangen ist. Und das war dann der Tagesablauf.

Ich bin eben Einzelkind. Meine Mutter hat mir verschwiegen, dass sie mich eigentlich gar nicht wollte, sondern nur gekriegt hat, weil mein Vater mich wollte. Mein Vater wollte mich, damit meine Mutter was zu tun hat, und mein Vater ist gestorben, als ich vier war. Nun hatte meine Mutter noch ein Kind, also meine Halbschwester, die sie eigentlich auch nicht gewollt hat und nur bekommen hat, um einen Mann zu halten. Also hatte sie auf einmal zwei Kinder und keinen Mann, und sie konnte gar nicht damit umgehen, weil sie das von ihrer Mutter auch nicht gelernt hatte. Die hatte eben ähnliche Probleme. Das ist von Generation zu Generation immer so weitergegangen.

Um siebzehn Uhr fünfundzwanzig wird wieder aufgeschlossen. Da kann er im ganzen Haus rumlaufen. Dann, um fünf vor zehn oder zehn vor zehn abends wird Nachtverschluss gemacht, bis morgens sechs Uhr dreißig wieder. Die Zeit, die vor einem liegt, und die Zeit, die hinter einem liegt, empfindet jeder anders. Wenn er die Zeit, die hinter ihm liegt, betrachtet, dann fragt er: Um Himmels willen, wo ist die geblieben? Sie ist schnell vergangen.

Ich war vierzehn, da haben sich die Eltern scheiden lassen. Dann kam ein neuer ran bei meiner Mutter, am Anfang hat der mir Zucker in den Hintern geblasen. Sowie die beiden verheiratet waren, war abends um sechs für mich die Küchentür zu. Anstrengendes Leben. Bin zu meinem Vater gezogen, da hab ich das Saufen kennen gelernt, war auch nicht so dolle. Ich hab dann bei Karstadt gejobbt. Bin ja nun ein Herzensmensch, obwohl, die Frauen haben es mit mir nie gut gemeint. Fiel die Ketchupflasche runter, hab ich es abgekriegt. Irgendwie war ich den Frauen nicht gut genug. Ich bin von den Frauen regelmäßig enttäuscht worden. Dann ist mir irgendwann so ein Fehler unterlaufen. So ein Fehler, da hab ich mich im Alter verschätzt. Man hat mit mir gespielt mein ganzes Leben lang.

Samstags und sonntags wird später, um sechs Uhr vierzig, aufgeschlossen und Lebendkontrolle gemacht. Ausschlafen und durchschlafen ist einfach nicht möglich. Man wird geweckt, hat über Mittag eine Zählung mit Einschluss und Aufschluss, dann auch nachmittags und abends. Man wird immer gestört. So schläft er wenigstens samstags nach dem Wecken bis um zehn, elf. Dann steht er auf, geht duschen, dann ist Einschluss um zwölf, dann ist um viertel eins wieder Aufschluss. Dann geht er runter, Mittag essen in der Mittagessensgruppe, sie haben einen hier, der kocht für sie. Fünf Mann sind sie, die da bekocht werden. Bis zur Zählung um dreiviertel fünf geht er Karten spielen oder hängt seine zwei, drei Freistunden im Hof rum oder geht zu einem anderen Häftling auf die Zelle, trinkt Kaffee, qualmt, quatscht dummes Zeug. Dann ist wieder Einschluss. Und dann ist um viertel sechs wieder Aufschluss. Bis zweiundzwanzig Uhr, bis dreiviertel zehn sieht er fern, dann ist wieder Nachtverschluss.

Ich habe schon vielen Menschen wehgetan. Das fing schon damals in der Schule an, oder sogar im Kindergarten, wo man als Kind so kleine Rangeleien gemacht hat und aus irgendwelchen Streitigkeiten dann ein Kampf entstand, ohne Faustschläge, da war das nur so ein Ringen, war eben einer oben und einer unten, und der, der oben war, war meistens ich selber. Dann hatte ich den da unten, und dann wurde einem versprochen:

»Ist gut, ich ärger dich nicht mehr.« Und dann hat man ihn losgelassen. Sobald da wieder eine gewisse Distanz war, war derselbe Ärger. Und dann habe ich mich gefragt, warum mache ich das Ganze, wenn das doch nichts nützt? Nachher, als ich älter wurde, kam es dann schon zu Faustschlägen, und es ist schon mal Blut gefallen, oder ein Zahn wurde ausgeschlagen. Und irgendwann hat man sich dann doch wieder vertragen. Und dann habe ich mich wieder gefragt: »Was mache ich schon wieder? Warum mache ich diese Gewalt?« Ich kenn den Spruch natürlich: »Ach, ist doch so schön zu streiten, weil man sich danach so schön wieder versöhnen kann.«

Er kennt einen, der hat einen anderen Tagesablauf als er: Der steht früh um vier Uhr auf, wäscht sich, zieht sich an, raucht eine, trinkt einen Kaffee, wartet, wartet bis Aufschluss ist, normalerweise um vier Uhr dreißig, aber nur für Bäcker. Dann sammeln sich alle Bäcker im Hausflur und werden von dem Beamten in die Bäckerei geführt, wo sie um halb sechs anfangen mit der Arbeit und um zehn fertig sind. Dann gehen sie ins Haus, wenn Post gekommen ist am Tag vorher, beantwortet der die, und wenn keine Post da ist, dann guckt der Fernsehen bis Mittag, was um halb zwölf ist. Und um zwölf ist Einschluss, da werden sie gezählt. Die Zählung wird um halb eins wieder aufgelöst, weil dann die Arbeiter wieder rausrücken müssen. Und da versucht der zu schlafen bis um drei, vier. Nach der Zählung um dreiviertel fünf geht der in eine andere Gruppe oder geht Kartenspielen bis zwanzig Uhr, und dann sieht er fern. Um dreiviertel zehn ist Einschluss, Nachteinschluss. Dann guckt der noch Fernsehen bis um viertel elf. Und dann wird alles ausgemacht, weil der ja früh rausmuss.

———————————

Ich hatte schon Schicksalsschläge. Erst mal die plötzliche Trennung der Eltern. Frühmorgens haben sie halt gestritten. Unser einer hat sich nichts gedacht dabei. Seitdem habe ich meinen Vater nur noch ab und zu mal gesehen. Und von der Scheidung habe ich erst nach Monaten vom Jugendamt erfahren. Meine Mutter hat sich in Schweigen gehüllt. Das war dann für mich eine schwere Zeit. Ich war eigentlich schon ein Problemkind gewesen von klein auf. War zu der Zeit auch schon im Heim gewesen, nicht so für Schwerbehinderte, eher so ein anderes Heim. Meiner Mutter war ich egal gewesen, und wie mein Vater weg war, war ich halt dann eben der Ball in der Familie, den man hin und her wirft. Dann, mit fünfzehn, sechzehn, bin ich öfter auch stiften gegangen.

———————————

Sein Problem damals in Haus I war der Sonntag. Da wurde die Zelle um sieben, halb acht aufgeschlossen und wieder um zwölf geschlossen. Dann wurde sie nochmal von halb vier bis um vier geöffnet, da konnte er sich heißes Wasser holen. Danach war zu, Nachtverschluss, langer Riegel von sechzehn Uhr bis früh um halb sieben. Er hatte keinen Strom und auch kein passendes Radio, und so stand er ohne Radio da und konnte auch nichts lesen. Sport machen ging auch nicht, aus Platzmangel. Das war eine Zeit, da wusste er nicht, was er anfangen sollte. Jetzt ist sonntags der Tagesablauf einfacher: schlafen, fernsehen, essen, schlafen, fernsehen, zwischendurch noch ein Einschluss, wie immer, um zwölf, bis dann zwischen viertel und halb eins wieder Aufschluss ist. Dann ist Freizeit bis siebzehn Uhr fünfundvierzig, dann Nachteinschluss. Da schläft er, sieht fern, döst, liest, und um elf oder so ist wieder alles aus. Das ist das, was sonntags abläuft.

Ich bin kein Waisenkind. Ich bin allein ins Heim gegangen. Von zu Hause bin ich abgehauen, weil sich meine Eltern verprügelt haben. Alkoholiker. Dann bin ich abgehauen und habe eine Einweisung gekriegt ins Heim. Meinen Eltern haben sie das Erziehungsrecht aberkannt, und weil ich zu meinen Eltern wollte, bin ich aus dem Heim raus. Zurück nach Hause, und die wollten mich nicht mehr, und da bin ich wieder ins Heim. Und als ich vierzehn war, bin ich in den Werkhof gekommen. Später habe ich eine Wohnung gekriegt, bin in die falschen Kreise gekommen, habe Mist gebaut. Das ist nun nicht das, was ich mir für mein Leben vorgestellt habe. Aber wenn man einmal in so einem Kreis ist, kommt man nicht wieder raus. Ich habe immer die falschen Freunde gefunden. Und die haben eben mitgekriegt, dass ich schnell zu überreden bin, bloß damit ich in der Clique angesehen bin. Und da hab ich gemacht, was die von mir wollten. Ich bin kein Waisenkind. Und bin nicht gut damit gefahren.

Die Jahreszeiten spielen hier eine große Rolle, in Haus V noch mehr als zum Beispiel in Haus III, denn er hat hier im Sommer noch eine Abendfreistunde. Die Sommerzeit macht fröhlicher. Die Winterzeit und vor allem die Weihnachtszeit machen deprimierter. Gerade um die Feiertage ziehen sich die Leute zurück, er auch. Er erinnert sich an die Jahre früher, als Kind, als er draußen war mit seiner Familie, mit seinen Geschwistern. Dann denkt er, dass er jetzt hier drin ist.

Ich bin in Thüringen geboren, bin ganz normal aufgewachsen, meine Mutter hat bei der Post gearbeitet, meinen Vater hab ich nicht kennen gelernt, der ist frühzeitig verstorben. Wir haben als Jugendliche versucht, mit selbst gebautem Sprengstoff einen Anschlag auf die deutsch-deutsche Grenze zu machen, die war 20, 30 Kilometer entfernt. Wir wollten mit einem gewaltsamen Durchbruch rüberkommen und machten im Zuge dieser Vorbereitungen einige Probesprengungen.

Eine hat nicht ganz funktioniert und ist frühzeitig gezündet. Ich hatte schwere Verletzungen und lag lange auf der Intensivstation. Wir waren noch keine achtzehn Jahre, da haben die gedacht, das ist denen Lehre genug. Später bin ich dann mehrmals in Haft gewesen beim Ministerium für Staatssicherheit, wegen ungesetzlichem Grenzübertritt und landesverräterischer Agententätigkeit. Das vergisst man nicht. Beim dritten Mal kam ich nach vier Monaten in den politischen Strafvollzug. Anfang '89 siedelte ich über, ging nach West-Berlin und führte in der Phase des Suchens und Findens ein straffreies Leben.

Er ist jetzt acht Jahre in diesem Gefängnis. Am Anfang war das nicht so schlimm. Er weiß nicht, ob was weggebrochen ist, aber es gibt so viele Dinge, die er vergisst. Dieser Alltag, diese Monotonie, das geht auf die Nerven. Man steht auf, geht zur Arbeit, kommt von der Arbeit, sitzt, guckt Film oder irgendwas, und abends wird die Tür zugemacht, und am nächsten Tag das Gleiche. Immer das Gleiche. Wenn er aus der Zelle in die Küche geht, um was zu kochen, vergisst er, Öl mitzunehmen oder das Essen, das er vorbereitet hat. Kleinigkeiten. Wenn man drei, vier Jahre sitzt, dann wird man stumpf, dann ist einem vieles egal. Inzwischen wäre es ihm fast egal, wenn neben ihm jemand stirbt, vollkommen egal, weil irgendwann empfindet man nichts mehr. Man ist nur mit sich selbst beschäftigt. Er hat keine Nähe, keine

Zuneigung von irgendjemand bekommen oder irgendjemand gegeben.

Ich bin damals als Kind in ein Erziehungsheim gekommen. Und zwar nach Fulda. Dort habe ich dann
langsam, aber sicher meine Karriere angefangen. Ich
habe auch Sport gemacht, habe geboxt, habe meine
Kumpels gehabt. Das waren die verkehrten Kumpels.
Es hat nicht lange gedauert, da stand ich auf einmal vor
dem Kadi: Schwarzfahren, Straßenraub, Körperverletzung, Einbruchdiebstahl, schwerer Einbruchdiebstahl,
so ging das los. Versuchter Kfz-Diebstahl. Da ist man
in Kreise reingekommen, da kommt man so schnell
nicht mehr raus.

Er liest jetzt viel, Bücher, Zeitschriften, *Spiegel* oder
Focus. Er hört Musik, und das war's. Es ist viel zu monoton, als dass man irgendwas machen könnte. Bei diesen Besuchsgruppen beim Pater neulich, da saß er auch
so. Da waren keine Fenster im Raum, und er guckte auf
den Tisch, aber nicht auf den Tisch, sondern durch den
Tisch durch. Da sagte die Frau, die ihn besuchte, zu
ihm: »Wo guckst du denn die ganze Zeit hin? Das sieht
aus, als wenn du ins Übermorgen guckst.« Und genau
das ist dieses Gefängnis-Gefühl, weil man ja hier nichts
vor sich hat außer dem Entlassungsdatum. Er sitzt hier

drin und macht sich Gedanken über die Zukunft, weil er die nicht greifen kann, weil die auch nicht greifbar ist. Und weil er gar nicht weiß, was er damit anfangen soll oder kann. Das spielt sich alles immer nur in der Fantasie ab.

———————

Ich bin am Bodemuseum außen an der Fassade rumgeklettert. Auf der Museumsinsel, da von den Brücken, bin ich runtergesprungen ins Wasser und bin baden gegangen da, und die Wessis aus den Bussen, die haben dann Geld oder Coca-Cola springen lassen. Ich kam öfter so mit zehn Mark West zurück. Und den einen, meinen alten Schulfreund, den habe ich dann im Knast wiedergetroffen.

———————

Hier drinnen ist Fantasie das Einzige, wo er wirklich frei ist. Er sitzt irgendwo, wartet, guckt vor sich hin und wartet einfach nur auf irgendwas, was dann kommt, was ihn aber, wenn es dann kommt, durch die Jahre, die er hier gesessen und gewartet hat und die Zeit nur mit Warten verbracht hat, umhaut. Das passiert öfter: Plötzlich hat man das, worauf man die ganze Zeit gewartet hat, und damit kommt man dann gar nicht klar, weil es einfach zu überwältigend ist.

———————

Ich war achtzehn Jahre lang durch meine Mutter im Heim. Nach meiner Geburt bin ich erst mal für fünf Jahre ins Heim gekommen bis zum sechsten Lebensjahr. Nur das sechste Lebensjahr war ich zu Hause. In diesem Jahr hat meine Mutter dreimal versucht, mich zu töten. Hat mich geschlagen, das war kein schönes Leben. Wenn deine eigene Mutter dich nur Tag und Nacht verprügelt, mit dem Feuerhaken auf dich losgeht und versucht, dich umzubringen. Und die Erinnerung, wie sie versucht, mich umzubringen, sitzt tief in mir. Ist das Einzige, was ich aus meiner Kindheit überhaupt noch weiß, wie sie versucht hat, mich umzubringen. Manchmal wache ich noch abends schweißgebadet auf, weil ich die Szenen vor mir habe, wie sie mit einem Messer versucht, mich umzubringen.

Manchmal misst er die Zeit, die vor ihm liegt, nicht am Tag der Entlassung. Zeit, die nach vorne geht, ist auch der nächste Sprecher, Zeit, die nach vorne geht, ist auch der nächste Sonntag. Immer solche Etappen. Und natürlich auch sein nächster Geburtstag, der Geburtstag seiner früheren Frau. In diesen Dingen rechnet er nicht danach, wann Entlassungstag ist.

Ich habe meinen Weg hierher eigentlich durch den Alkohol gemacht. Das kam so Stück für Stück, dass ich hierher gewandert bin, das hat sich immer aus meinen Launen ergeben, wenn ich einen trinken war, fünf, sechs Bier, das war so aus meiner Kindheit, da muss was hängen geblieben sein. Viele schieben das auf ihre Kindheit, aber ich denk wirklich, dass bei mir was hängen geblieben ist. Ich war nicht besoffen oder so, ich hab halt meine Biere getrunken, bin im Kinderheim groß geworden, im Osten, ohne Familie. Schon zur Grenzöffnung, da war ich neunzehn, war mir klar, dass ich irgendwann mal im Knast lande, weil ich zurückgeschaut habe und mir meinen Weg angeguckt habe: Spezialkinderheim für Schwererziehbare, Waisenheim, Durchgangsheim, dann in den Jugendwerkhof. Aus dem Jugendwerkhof raus, im Möbelwerk gearbeitet ein halbes Jahr, und dann wurde ich schon zur Armee gezogen. Ich hab mich freiwillig für drei Jahre gemeldet. Dann wurde ich gezogen, dann bin ich abgehauen zur Grenzöffnung. Ich bin nicht wiedergekommen.

———————

Nach zwölf, nach fünfzehn Jahren Haft, was soll da sein? Jeder, der hier reinkommt, ist schon bestraft. Denn das da draußen, die Welt, die Gesellschaft, das hat alles noch einen guten Einfluss, denkt er. Aber nach zwei, drei Jahren, vielleicht nach vier, um eine Grenze zu setzen, verlieren viele ihre guten Seiten, ihre Skrupel. Der Tod und die Werte des Lebens spielen dann keine Rolle mehr. Das Einzige, was er nicht möchte, ist, wieder straffällig zu werden. Er hat schon zu viel von seinem Leben verschenkt, einfach zu viel. Wenn er nach fünfzehn Jahren entlassen wird, dann sind das, die früheren Strafen mitgezählt, insgesamt einundzwanzig Jahre Haft, die er weg hat, wenn er rauskommt. Dann ist er dreiundvierzig, fast vierundvierzig. Wenn er davon einundzwanzig Jahre abzieht, bleibt nicht viel. Vielleicht zweiundzwanzig Jahre, die er vom Kopf her normal gelebt hat und wo er – wie heißt es heute? – seinen geregelten Lebenslauf hatte.

ORDNUNG

Eigentlich lebt er hier so, wie er immer gelebt hat. Natürlich war er draußen nicht eingesperrt, natürlich nicht hinter Gittern und nicht mit den Reglements, denen er hier ausgesetzt ist. Auch draußen galten bestimmte Regeln, aber hier sind sie anders. Er ist vollkommen unselbstständig geworden. Er steht vor jeder Tür und muss darauf warten, dass jemand mit dem Schlüssel kommt und sie ihm aufmacht. Oft bleibt er auch vor Türen stehen, die gar nicht verschlossen sind. Aber er ist schon daran gewöhnt, dass jemand kommen muss, um sie für ihn aufzuschließen. Ansonsten lebt er genauso wie draußen: Er geht zur Arbeit, früh, bis Mittag, Mittagessen, Nachmittag wieder zur Arbeit, kommt zurück, und damit ist ein großer Teil des Tages erst mal weg.

Es gibt eine Hierarchie vom Anstaltsleiter bis zu den Beamten. Er hat hier nur einen einzigen Beamten gesehen, der noch menschlich war. Die meisten anderen haben ihre Menschlichkeit verloren. Azubis und Praktikanten, die suchen noch Kontakt mit den Gefangenen. Aber im zweiten oder dritten Jahr, da ist alles tot, die sind dann genauso wie die anderen Beamten. Wenn einer Ausgang hat oder auf Ausführung ist, dann heißt es oft: »Wie kann der das haben, der ist doch ein Krimineller? Eigentlich müsste das ein Zuchthaus sein.« Das hört er von den Beamten, auch von Sozialarbeitern.

Und dann sieht er Leute, die keine Familie haben, keine Bindung, die kriegen Ausführung, weil die zu den Beamten gehen und sagen: »Ich weiß, der da hat das und das gemacht.« So läuft das hier, er weiß aus Erfahrung, dass es wirklich so ist, er kommt überall rum, er sieht, was los ist, und er sieht, was gemacht wird. Vieles behält er für sich, das sind Sachen, die will keiner glauben. Er kennt die Wahrheit, er erfährt alles selber. Das ist kein Freiheitsentzug, findet er, das ist die Hölle.

So kennt er einen, der war fünf Jahre und acht Monate in Untersuchungshaft, unter besonders erschwerten Bedingungen. Der hatte vier Jahre und eine Woche eine so genannte Hand-zu-Hand-Regelung, eine von der Staatsanwaltschaft angeordnete Sicherheitsverfügung, die den Untersuchungsgefangenen in erweiterter Form isoliert: Man darf nicht zu gemeinsamen Veranstaltungen, nicht zum Gottesdienst, zu vielen Sachen nicht, wo andere Gefangene sind, man darf nicht gemeinsam duschen, nur alleine, nicht auf eine gemeinsame Freistunde, nur alleine, man darf nicht am Auf- oder Umschluss teilnehmen. Hand-zu-Hand-Regelung bedeutet, dass der Gefangene von Hand zu Hand zu übergeben ist. Wenn der zum Arzt oder zum Rechtsanwalt musste, dann wurde nicht gesagt: »Gehen Sie mal runter. Sie wissen ja, wo der Anwalt ist.« Sondern der Beamte schloss die Tür zu und ging mit. Der lief daneben oder dahinter oder davor und übergab den dann dem zuständigen Beamten. Das ist eine belastende Geschichte.

Gefangene, die hier gut sind beim Sozialarbeiter, die

Blumen gießen, die Schleimer, die nur anscheißen, die sind schneller im Offenen Vollzug als alle anderen. Er selber hält sich zurück und sagt: »Ich weiß von nichts, ich kann Ihnen nicht helfen.« Deshalb wird er unterdrückt, nicht direkt, sondern hinterrücks. »Ja klar, das machen wir«, lächeln sie ihm ins Gesicht, und in dem Moment, wo die Tür zu ist, schreiben sie: »Keine Ausführung.« Jeder will seinen eigenen Arsch retten. Er hat gelernt, jeder Mensch, der hier Schlüssel trägt, versucht, irgendwer zu sein. Gibt man einem Menschen ein bisschen Macht, dann erkennt man sein wahres Gesicht. Die Beamten haben Macht, und zu Hause haben sie Probleme. Die laden sie bei den Gefangenen ab. Die können nicht weg, die müssen das ertragen. Aber wer nur ein bisschen rumschreit, ist gefährlich und muss in den Bunker. Er würde sich nicht wundern, wenn hier mal ein Massenmord stattfände.

Manche aber kommen mit den Beamten sehr gut klar, manchmal besser als mit ihren Mitgefangenen. Er denkt, dass die Beamten, die abends hier rausgehen können, mehr Abstand zu sich selber haben als die Gefangenen. Aber er denkt auch, dass die Beamten nicht dazu geeignet sind, Konflikte zu lösen, weil sie dafür nicht ausgebildet wurden oder weil sie ein Feindbild gegenüber Gefangenen haben und teilweise auch für die Todesstrafe sind, für Kopf-ab-Methoden. Gefangene sehen das nicht gerne, wenn andere mit Beamten reden, und gewisse Gefangene fordern immer Rechenschaft, wenn einer mit einem Beamten geredet hat. Die fragen: »Was hast du mit dem geredet?« Dann sagt der andere: »Über Wind und Wetter.« Und meistens ist die Sache dann erledigt.

Es gibt sogar viele Gefangene, die sind mit den Beamten auf Du. Die kennen sich schon ziemlich lange, zehn, fünfzehn Jahre oder so. Er kennt einen, für den ist das locker, der unterhält sich schon mal mit den Beamten, der spricht mit denen über das Wetter oder über Fußball oder was so in der Justiz passiert. Sonst hat der aber so gut wie gar keinen Kontakt mit den Beamten, das sollte er auch nicht. Der muss nämlich aufpassen, sonst könnte es schnell heißen, der ist ein Sängerknabe. Und als Verräter hat man es hier nicht leicht. Das kann böse ausgehen. Es ist nicht angenehm, von mehreren Leuten zusammengeschlagen zu werden. Aber das ist Schicksal. In manchen Häusern ist Brutalität fast an der Tagesordnung. Wenn Hausalarm ist, dann werden die Gefangenen weggeschlossen, damit sie nicht sehen, was die Beamten mit einem machen. Er hat beobachtet, wie einmal ein Strafgefangener ein bisschen durchgedreht ist, da wurden alle Gefangenen unter Verschluss genommen. Fünf Beamte sind mit einer Decke auf den Mann zugegangen, haben die dem über den Kopf gestülpt und ihn zerdroschen, ohne dass der nachher blaue Flecken hatte. Anschließend wurde der Gefangene in den Bunker, in den Keller gebracht und auf einem Betonklotz fixiert. Schließlich kam der Arzt mit einer Beruhigungsspritze.

———————————

Ich bin hier, weil ein Systemgericht nach seiner Überzeugung anhand von Beweisen, von Indizien, festgestellt hat in seinem Urteil, dass ich zwei Menschen getötet haben soll. Nicht als Mord, sondern als Totschlag. Ich gehöre hier nicht her. Das Urteil trifft nicht im Geringsten den Kern der Dinge. Aber die haben das zu einem Politikum gemacht, ich bin der Überzeugung, dass ich diese Strafe nicht gekriegt hätte, wenn ich Otto Normalverbraucher wäre. Die waren heilfroh, es mir mal so richtig besorgen zu können. Manche werden sich natürlich geärgert haben, dass ich nicht zweimal lebenslänglich gekriegt habe, wie es mal in Aussicht stand. Alkohol war bei meiner Sache auch im Spiel, aber die Rolle des Alkohols wurde von dem Gutachter als nicht ausschlaggebend bewertet. Ich hatte, glaube ich, 2,4 oder 2,6 Promille. Entlastet worden bin ich insofern, als sie mir die Promille zur verminderten Schuldfähigkeit anrechneten.

Ich war organisiert. Ich bin in keiner Partei mehr, weil die Partei 1995 verboten wurde, genau genommen eigentlich schon 1945. Aber da hab ich noch nicht gelebt, das war die NSDAP, die haben die Besatzer verboten. Mein erstes Ziel ist schon das schwierigste, nämlich diese politischen Zustände hier zu beseitigen. Und zwar gründlichst. Mir ist überhaupt nicht daran gelegen, dieses System hier in irgendeiner Art und Weise zu reformieren oder zu verbessern und daran herumzudoktorn. Ich bin der Meinung, ein Krebsgeschwür muss man rausschneiden und nicht nur immer ein bisschen daran rumschnippeln. Wenn der Patient gesunden soll, muss das Krebsgeschwür raus. Anders geht's nicht. Wenn die Leute mal die Nase voll haben von dem ganzen Gequatsche, das hier so produziert wird, und endlich mal merken, was für Versager in Politik und Wirtschaft sitzen, dann werden sie sich vielleicht eines anderen besinnen, und sie werden sich vielleicht auch auf sich selbst besinnen, auf ihre Kultur. Was sind ihre Wurzeln? Was bin ich? Wo komme ich her? Wer sind wir überhaupt?

Ich bin auf der Gefangenenliste der HNG, der Hilfsgemeinschaft für nationale Gefangene. Die HNG betreut ihre Mitglieder, wenn sie in der Haft sind, gibt regelmäßig ein Heft raus und unterstützt durch Sach- und Geldspenden. Auch die Familien und Lebensgefährten werden berücksichtigt. Mitglied muss man vor einer Inhaftierung werden. Leute, die schon im Knast sitzen und vorher noch nie was einbezahlt haben, die kann man vergessen. Es gelten scharfe Kriterien. Es wird nicht jeder aufgenommen, und es wird auch nicht jeder, der irgendwann einfährt, bedacht oder unterstützt. Wenn einer wirklich kriminell geworden ist, da kann er vorher Mitglied sein wie auch immer, dann gibt's nichts. Weil wir kein Interesse daran haben, dass irgendwelche Kriminelle sich bei uns wohl fühlen. Ich bin schon ewig Mitglied, damit unterstützt man eben auch Leute, die schon sitzen. Das waren immer schon mehr als genug. Insofern hat diese ganze Angelegenheit einen sozialen Charakter.

Das Nahziel ist der Aufbau von funktionierenden Strukturen in allen Bereichen, in der Wirtschaft, in der

Politik, unter der Arbeiterschaft, also möglichst flächen-
deckend einzuwirken. Wir wollen eigentlich keinen
Bürgerkrieg im engeren Sinne. Aber letztlich wird es
wohl irgendwann mal darauf hinauslaufen. Wenn es so
weitergeht, wie es jetzt geht, werden irgendwann mal
ein paar Leute wenigstens noch so viel Eier in der Hose
haben und dann sagen, so, jetzt ist Schluss, jetzt werden Nägel mit Köpfen gemacht. Ob das dann von Erfolg
gekrönt ist, das steht natürlich in den Sternen. Mir persönlich wäre es lieber, wir hätten das Volk hinter uns.
Das finde ich immer das Schöne an der Demokratie,
wenn man sie dazu benutzen kann, sie abzuschaffen.
So war es 1933. Ich hatte einmal ein Gespräch mit
einem orthodoxen Kommunisten, der sagte: »In einer
Sache sind wir uns doch einig: Für Abweichler muss
es Arbeitslager geben.« Ich weiß nicht, ob so was noch
zeitgemäß wäre. Aber wie man uns heute entgegenge-
kommen ist, so werden wir eines Tages auch den Leuten entgegentreten und uns »erkenntlich« zeigen. Einmal hatte ich einen Disput mit einem Polizisten vom
Staatsschutz, und ich habe gesagt: »Wenn Sie wirklich
wirksam was gegen uns tun wollen, dann müssen Sie
uns alle töten. Vorher werden Sie uns nicht mehr los.«

Die Opfer kannte ich gar nicht. Auch die näheren
Umstände, die kenne ich nicht. Weil ich hatte einen
Filmriss gehabt, da ich angegriffen worden bin von drei
Personen. Einer hat mich von hinten festgehalten, zwei
haben auf mich eingeschlagen beziehungsweise getreten. Und von diesen drei Personen sind nun offensichtlich zwei tot. Wer die waren, ist schwer zu sagen. Da ist

eine Menge Dreck hochgespült worden. Man soll ja über Tote nicht schlecht reden. Ich hab mir die ganzen Ermittlungsakten zweimal durchgelesen, und da hab ich überhaupt erst erfahren, wer die waren: Name, Alter, Lebensumstände und so weiter. Was sie früher gemacht haben. Waren schon ganz schöne Kaliber. Einer der Angreifer war zum Beispiel ein V-Mann vom Verfassungsschutz. Dessen Sachen waren voller Blut, der war blutbeschmiert von oben bis unten, ganz im Gegensatz zu meinen Sachen zum Beispiel. Aber das ist nur ein Detail am Rande. Waren ansonsten ganz merkwürdige Leute, die sich da einen braunen Anstrich gegeben haben. Das war wie eine Tretmine. Wie ich damals das alles zum ersten Mal las, da hab ich zu mir gesagt, da hast du ja ganz schön in die Scheiße gegriffen. Ich dachte, ich lese nicht richtig. Im weitesten Sinne könnte man sie sicherlich als Provokateure einordnen. Aber die vermeintliche Straftat hat mit der Politik gar nichts zu tun. Mir wird das hier andauernd vorgekaut. Ich bin seit 1975 Nationalsozialist, und ergo muss meine Straftat damit was zu tun haben. Ist für die ein Automatismus. Ich habe kein politisches Attentat begangen. Wenn in meinem Urteil stehen würde: Ich habe bei xy aus politischen Gründen eine Bombe gelegt, oder ich habe jemand umgelegt – aber so was war es gar nicht.

Er hat das Glück, allein zu sein hier drinnen. Er bekommt seit einiger Zeit fast keinen Besuch mehr und hat nicht mehr dieses Gefühl im Bauch zwei, drei Tage davor: »Kommen die nun oder kommen die nicht?« Wenn irgendwas passiert, werden die Frauen untersucht, durchsucht, werden begrabbelt von fremden Menschen, betastet, und wenn da noch ein Kleinkind bei ist, wird die Windel aufgemacht. Da gehen sie dem Kind an die Wäsche, durchsuchen sogar den Tragekorb, wenn es ein Säugling ist. Das alles hat er nicht mehr, und auch nicht das Problem, tschüs zu sagen, sich umzudrehen, zu gehen. Und er muss sich auch keinen Kopf mehr machen, wenn er nicht ans Telefon kann, weil die Araber stundenlang telefonieren und sich gegenseitig in die Fresse hauen, um ans Telefon zu kommen. Er hat wirklich völlig seine Ruhe. Er schreibt seinem Bruder, und der ihm. Was gut ist: Man kann hier, wenn man eine Telefonkarte hat, telefonieren, sooft und solange man will. Das gibt es seit sechs, sieben Jahren. Es gibt Bundesländer, wo so etwas heute noch absolut unmöglich ist, da muss man eine Woche vorher einen Antrag schreiben: »Ich möchte am Soundsovielten um soundso viel Uhr mit folgender Nummer telefonieren. Hierbei handelt es sich um meine Mutter.« Dann wird man ins Büro geholt, der Sozialarbeiter sitzt daneben und macht den Lautsprecher an oder auch nicht. Das ist gut hier in Berlin.

Weniger gut ist die Durchleuchtung. Das gab es auch schon in der Untersuchungshaft: Er musste sich ausziehen, Schlüpfer runter, bücken, Arsch auseinander reißen. Das war die Durchleuchtung. Hier werden auch ab und zu mal Kontrollen gemacht, zum Beispiel nach dem Sprecher: Neben dem Sprecherraum ist ein anderer Raum, da musste er sich dann vollkommen entkleiden. Alles wurde kontrolliert: Schuhe, Strümpfe, Unterhose, sie haben sogar reingeguckt, in die Rille. Das nennt sich »vierundachtzig zwo«. Eigentlich sollte ein Arzt mit dabei sein, es war aber nie einer da, und er hat das Vergnügen schon zweimal gehabt. Die kontrollieren überhaupt gerne: Einmal kam er früher von der Arbeit zurück, und da standen die von der Sicherheit in seiner Zelle und lasen, was da so rumlag. »Lasst euch nicht stören«, hat er denen gesagt, und die meinten nur: »Wir sind schon fertig.« Wenn sie hier ein Handy suchen, durchsuchen sie alles und machen tausende Mark Schaden. Auch wenn die Sicherheit nach Drogen sucht, reißt sie alles auseinander, wie die Gefangenen auf der Drogenstation, die die Toiletten rausreißen, um mit den Nachbarn darunter zu quatschen. Wenn die Sicherheit einen Tipp kriegt: Der da raucht Haschisch, dann gehen die da mit drei, vier Leuten ran und rupfen die Zelle auseinander. Und die Arbeiter, die Schlosser, Klempner, Tischler, die müssen das wieder herrichten.

Für alles braucht er Gutachten, die behandeln ihn wie ein kleines Kind und nennen das »Vollzugsplangestaltung«. Schritt für Schritt wird man hier zum Dummen gemacht. Ein Gutachten zu schreiben dauert sechs Monate. Da halten sie viele hin. Der Vormelder ist rausgegangen, und die Regel ist so: Wenn man etwa ein Gesuch schreibt für ein Gespräch mit dem Teilanstaltsleiter, geht der Vormelder wieder zurück zum

Gruppenleiter. Nun hat er kürzlich auf einem Vormelder geschrieben, er sei mit den Entscheidungen des Gruppenleiters nicht einverstanden. Bald wird also der Gruppenleiter an ihn herantreten und sagen, der Teilanstaltsleiter habe ihn beauftragt, das mal zu besprechen. Dann wird er ihm sagen müssen: »Hier geht es um Ihre Entscheidung, über die ich mit dem Teilanstaltsleiter sprechen möchte. Nicht mit Ihnen.« Trotz solcher Sachen hatte er auch schon Ausführung, mit zwei Beamten. Ihm haben sie einen Mord angehängt, und er hat für die Sache gebüßt, aber die brauchen ihn nicht auch noch anzuquatschen, da draußen nicht und hier drinnen auch nicht.

Er kennt einen, der kommt aus dem Ostteil, und der kennt den Westen gar nicht, nur vom Taxi aus. Das wird schwer für den, später. Als der das erste Mal bei der Ausführung mit der U-Bahn gefahren war, musste seine Frau ihm vorher die ganze Strecke erklären. Gefunden hat der das bloß mit Hilfe der Beamten, die mit dabei waren. Draußen fühlt der sich immer vollkommen fremd. Der hat zwar eine Frau und ein paar Kinder, aber ansonsten ist das für den so, als wenn man ihn in ein fremdes Land setzen würde. Das sieht anders aus, und die Leute benehmen sich anders als früher. Der findet die alle verstockt und verschlossen. Wenn der einen was fragen wollte, hörte er nur: »Weiß ich nicht.« Und weg. So verhalten sich die Leute. Einmal ist der auf eine junge Frau zugegangen und hat die was gefragt. Die hat gar nicht reagiert und ist gleich weggelaufen. Als wenn dem das auf der Stirn stünde, wo er herkommt. Aber da hat dessen Frau gesagt: »Die sind jetzt alle so. Das ist nicht mehr wie früher.«

Und er kennt einen, der kommt aus Jugoslawien. Der weiß nicht, was er sagen soll. Der ist jetzt achtzehn Monate hier und hat bis zum Ende noch acht Monate, und der weiß nicht, ob er Lockerung kriegt. Längst nicht jeder Ausländer kriegt Lockerung. Es heißt immer: »Du bist Ausländer, und du willst vielleicht nach Hause gehen.« Der, den er kennt, der hat Duldung oder Asyl, deswegen hat der keine Chance, Lockerung zu kriegen. Nur die Leute mit richtigen Papieren. Und obwohl der ja abgeschoben werden will, hat der Staatsanwalt gesagt, da ist wieder Krieg, und deshalb gibt es keine Abschiebung. Der kriegt schon deshalb keine Lockerung, weil seine Frau und seine Kinder in Jugoslawien sind. Und der hat auch noch den alten jugoslawischen Pass, den roten. Jetzt gibt es blaue, seiner ist nicht mehr gültig. Für einen neuen muss der nach Hause. Jetzt weiß der gar nicht, was passiert. Momentan gibt es keine Abschiebung, wenn es wieder Abschiebung gibt, geht der rüber.

In unserem Stammlokal saß der Wirt gerne mit am Tisch. Wir sprachen über Geld. Einer kannte jemanden, der in einer BMW-Vertretung arbeitete. Wir dachten, es wäre ganz schön, eine Probefahrt zu machen, und irgendwann wurde das ein konkretes illegales Vorhaben. Wir sind da hin und haben unter Legende ein Auto für eine Probefahrt geliehen. Da operierten wir schon mit Ausweisen. Wir kannten einen Ingenieur mit der begnadeten Fähigkeit, die angeblich fälschungssicheren Plastikdinger zu fälschen. Als wir von dem BMW-Hof wegfuhren, konnten wir gar nicht realisieren, dass wir ein 167 000-Mark-Auto hatten, ohne dass jemand wusste, wer wir waren. Wir kreuzten also bei unserem Wirt auf, und der wurde plötzlich hochmobil. Der ist sofort nach Bukarest geflogen und hat gesagt, wir sollten dort hinfahren, er verkaufe das da für uns. Dann sind wir losgefahren, ohne Papiere, ohne grüne Versicherungskarte, mit unseren normalen Ausweisen. Wir fuhren also mit extrem improvisierten Techniken durch Deutschland, Tschechien, Ungarn, Rumänien, 1800 Kilometer bis Bukarest. Da haben wir das dann verkauft für, ich glaube, 20 000 Dollar. So fing alles an.

Später wurde das anders. Wir bekamen hochspezialisiertes Papier, das fast identisch war mit dem von Fahrzeugscheinen. Einem Drucker gaben wir 6000 Mark; der legte auf einer Offsetdruckmaschine für eine Viertelmillion eine Nachtschicht ein. Als seine Kollegen morgens zur Arbeit kamen, wussten die nicht, dass da gerade 400 Fahrzeugscheine gedruckt worden waren. Die hatten exklusive Qualität. Bald hatten wir falsche Pässe, falsche Führerscheine, falsche Versicherungskarten, alles, was man sich denken konnte. Wir waren eine mobile Zulassungsstelle, Tag und Nacht geöffnet.

Erst wurden die Autos von Dritten gestohlen. Zwei BWL-Studenten machten nachts die S-Klassen auf, in Zehlendorf und so, und stellten sie mir vor die Tür. Ich selbst hab nie ein Auto gestohlen, ich weiß gar nicht, wie das geht. Ich nahm die Fahrzeuge entgegen, stattete sie mit Papieren aus, rief Fahrer an, avisierte im Ausland und schickte die Leute los. Mitunter fuhr ich auch selbst mit. Meistens fuhren wir Kolonne, vier, fünf Fahrzeuge bewegten sich über die Übergangsstellen. Einmal fuhren wir mit drei geklauten S-Klassen mit Blaulicht durch alle Grenzen. Das war ein einmaliges Ding. Die Blaulichter kann man im freien Handel kaufen, sechsundfünfzig Mark das Stück, richtig blaues Licht, mit Magnetfuß. Hochseriös angezogen waren wir sowieso. Jedes Auto war mit zwei Personen ausgerüstet: Einer spielte den Fahrer, einer saß hinten rechts. Die Optik stimmte. Hinten links hing ein Anzug auf dem Bügel, auf der Hutablage lagen *DM*, *Handelsblatt* und *Capital*. Ich saß hinten rechts mit einem Aktenordner auf den Beinen, mit Klebezetteln drin und mit Brille, Leselampe und so weiter. Mit Blaulicht und eingeschalteter Warnblinkanlage ging es am Stau vorbei direkt in die Grenzübergangsanlage. Die trauten sich nicht, uns anzuhalten. Es reichte, ohne irgendein Dokument vorzuzeigen, zu sagen: »Senat Berlin. Wir sind auf dem Weg zu einer Konferenz nach Bukarest.« – »Ah, ja, alles klar.« Die Blaulichter blieben von Dresden bis Istanbul angeschaltet. So ging es über die deutsch-tschechische, über die tschechisch-ungarische, über die ungarisch-rumänische, über die rumänisch-bulgarische, über die bulgarisch-türkische Grenze. Das führt schon zu einer Veränderung der sozialen Wertvorstellungen, wenn man erlebt, welchen Respekt die Leute im Ostblock vor dem Blaulicht haben. Und wie korrupt die sind: Wer ein paar Dollar dabei hat, kann da praktisch nicht verhaftet werden. Man kann durch Europa fahren, als wäre man auf seinem eigenen Grundstück.

Die geklauten Wagen wurden mit einer speziellen Technik innerhalb von dreißig Sekunden geöffnet. Danach waren sie nicht wieder verschließbar, und manchmal ging ein Wagen nicht mehr an. Deshalb nahmen wir dann nur noch Versicherungsfälle – mit Einverständnis der Besitzer: Ärzte, Zahnärzte, Rechtsanwälte, Immobilienmakler und so weiter. Es war schwierig, da reinzukommen, aber man wird empfohlen. Der Zahnarzt aus Mariendorf verdient 10 000 Mark im Monat und gibt mir seinen Porsche für 160 000 Mark, weil er keine Lust mehr hat, die Leasing-Gebühren zu bezahlen, oder er will ihn nicht mehr haben, weil die Golfschläger nicht in den Kofferraum passen. Er kriegt 10 000 Mark, ist den Vertrag los, freut sich und erzählt das beim Whisky seinem Kollegen aus derselben Gehaltsklasse. Dann klingelt das Telefon. Erst kriegt man einen Schreck, weil irgendwelche Fremden anrufen, um ihr Auto entsorgen zu lassen. Das führte aber nie dazu, dass wir ins Blickfeld der Sicherheitsorgane gerieten. Im Gegenteil, das kurbelte das Geschäft recht gut an. Den Zahnarzt mit den Golfschlägern aber haben sie später in seiner Praxis verhaftet, als der Kronzeuge gegen den ausgesagt hatte.

Der Besitzer gab uns sein Auto, seinen Schlüssel und seinen Fahrzeugschein. Der Schlüssel wurde auf einer 4000 Mark teuren Maschine dupliziert, der Schein fotokopiert und zurückgegeben. Danach erstellten wir drei Fahrzeugscheine: Der mit dem Namen des Besitzers wurde nur für die Fahrt von Berlin bis zur Grenze benutzt. Nach der Grenze kam der zweite Schein in Aktion, ausgestellt auf den Fahrer, sonst führt das im Ostblock sofort zu einer Verdachtsmaximierung. So hatten wir das geistige Okay der Kontrolleure. Unsere Leute konnten bis Riga oder Bukarest erfolgreich ihre Fahrt vollziehen. Am Zielort wurde der Schein mit dem Namen des Fahrers vernichtet. Der dritte Schein war für die Mafia-Typen. Da stand irgendwas drin, denen war das egal. Das lief erfolgreich und war immer sehr angenehm.

Der engere Kreis bestand aus sechs Personen, den Entscheidungsträgern. Insgesamt waren vierundzwanzig involviert. Zusammen betrugen unsere Strafen 157 Jahre. Davon habe ich elf, einer neun, einer acht, einer sieben und so weiter. Da ich solo und zentral wohnte, fand diese Entwicklung ihren Mittelpunkt in meiner Wohnung. Das war natürlich vor Gericht sehr negativ, so dass man mich als den Hauptbeschuldigten und zur höchsten Strafe verurteilte. Es gab keine hierarchisch strukturierte Bande, es gab keine Befehlsstruktur und keine Unterordnungsverhältnisse. Wir waren ein absolut lockerer, lustiger Haufen. Hätte einer was befehlen wollen, hätten die Leute dem den Vogel gezeigt. So lief das. Ich hatte meine legale Wohnung und eine konspirative für das Equipment: Drucker, Computer, zweihundert Nummernschilder, Fahrzeugscheine. Beide Wohnungen waren in großen Häusern mit mehreren

Mietparteien. Die Nachbarn hielten uns Besucher für Polizisten, weil wir im Fahrstuhl manchmal so redeten: »Ich muss jetzt zur Dienststelle«, oder so etwas. So kam kein Verdacht auf. Als sie die illegale Wohnung entdeckt hatten, gingen sie mit Fotos zu den Nachbarn und fragten: »Kennen Sie diese Leute?« – »Ja, ja, das sind doch welche von der Polizei, die haben da gewohnt.«

Unsere Aufgabenverteilung war locker. Ich und noch zwei, wir machten die Papiere. Wir sind natürlich mit Doubletten gefahren. Diese Praxis haben die Terroristen in den siebziger Jahren benutzt: Man fährt mit einem Nummernschild, das einem identischen Auto entspricht. Man parkt das gestohlene Auto in einer Garage, sucht sich auf einem Hotelparkplatz ein gleiches und notiert sich das Nummernschild. Bei den Schilderdruckstellen wollen die ja nichts sehen, keine Ausweise. Man druckt sich also für zwanzig Mark dasselbe Schild aus und macht TÜV- und ASU-Plaketten drauf. Dann gibt es dieses Auto zweimal, das ist sicherer, und je nach Zustand, Leistung und gefahrenen Kilometern bekamen wir zwischen 19 und 23 000 Dollar. Außer für 600er, da gab's 33 000 Dollar. Einmal stand ein 600er Mercedes für 221 000 Mark auf der Leipziger Messe, frisch vom Band. Einer von uns beobachtete, was sich da abspielte. Bei Umrückarbeiten wurde auch das Auto drei Meter versetzt. Der Fahrer schloss ab und gab den Schlüssel irgendwo ab. Unser Mann zog sich einen Kittel von der Messegesellschaft an, ging dahin und sagte: »Der Mercedes soll jetzt doch raus. Gibst du mir mal den Schlüssel?« Das war's. Der hat den Schlüssel rausgerückt, unser Mann hat sich reingesetzt und stand nachts bei mir vor der Tür mit einem 200 000-Mark-Auto.

Siebzig Prozent der Fahrzeuge waren Versicherungsfälle. Die Leute gaben uns ihr Auto, zeigten der Polizei später Schlüssel und Fahrzeugschein, und alle waren zufrieden und glücklich. Der Geschädigte war die Versicherung. Die meisten unserer Autos waren wohl bei der HUK versichert, und irgendwann stellten Kräfte der Versicherungsgesellschaft HUK fest, dass es uns gab. Unsere konspirative Abschottung war wohl doch nicht optimal. Aber die teilten ihre Erkenntnisse nicht etwa der Polizei mit, sondern traten an uns heran. Ich traf mich mit dem Mann von der HUK in Harry's New York Bar im Hotel Esplanade. Günter hieß der, ohne Nachnamen, und Günter bot mir eine hohe Summe, damit wir mit der Autoverschiebung aufhörten. Ich fand das ganz interessant und sagte, dass ich das nicht alleine entscheiden könnte. Die anderen aber waren gar nicht begeistert. Und damit war die Sache gestorben. Dass es so was gibt, hat mich erstaunt.

Von dem Geld ist nichts übrig geblieben. Man gewöhnt sich sehr schnell daran. Ich habe immer gerne gut gelebt, was erhebliche Kosten verursacht. Unser Aufenthalt in diesen Ländern war ja auch mit Vergnügungen verbunden, weil die Leute dort ein Programm für uns konstruierten, damit wir gerne wiederkamen. Da war alles dabei, Frauen, Essen und Hotels. Das war sehr angenehm. Insgesamt betrug der Zeitwert unserer

Autos laut Anklageschrift 4,2 Millionen, aber nur der angeklagten Fälle. Aus prozessökonomischen Gründen hat man nicht 130 Fälle angeklagt, sondern nur 61 als so ausermittelt angesehen, dass sie für anklagereif gehalten wurden. Und davon kamen lediglich 29 zur Verurteilung. Der Rest wurde eingestellt, um den Prozess nicht aufzublähen. Wir hatten einen Ermittlungsumfang von 25 000 Seiten, es gab beim Landeskriminalamt eine Ermittlungsgruppe mit dem Namen »Grenzenlos«. Die Anklageschrift betrug 290 Seiten und 153 Fallakten. Ich war nicht vorbestrafter Ersttäter und wurde verurteilt wegen Eigentumsstraftaten ohne Gewalt, Mord oder Totschlag, ohne Körperverletzung, Bedrohung oder Sexualdelikte – nur für die organisierte Verschiebung von Autos. Das Eigentum wurde angegriffen, und da verstanden sie keinen Spaß. Elf Jahre, dafür kann ein anderer einen umbringen. Das hat doch mein Rechtsempfinden empfindlich gestört. Je mehr man sich Mühe gibt, Konfrontationen zu vermeiden, umso höher ist das Strafmaß. Der Preis, den ich hier zahle, der ist zu hoch, das sind zu viele Lebensjahre.

Viele glauben, dass es im Gefängnis Paten und Könige gibt, dass es welche gibt, die ganz oben stehen, und welche, die ganz unten stehen. Aber das ist wirklich ein Klischee. Nur Haus III bildet eine Ausnahme, das frühere Zuchthaus, das einzige Haus, wo er eine Art von Hierarchie kennt. Etwa fünf Leute, die Generäle, haben dort den Drogenhandel unter sich, gar nicht mal, weil sie so harte Menschen sind, sondern weil sie schon oft hier gewesen sind oder so lange Strafen vor sich haben, dass sie überlegen müssen, wie sie durchkommen. Oder sie machen kriminelle Sachen und häufen Geld und Besitz an, weil sie es einfach so gewohnt sind. Die haben draußen Beziehungen, Leute, die sie hier besuchen oder Pakete schicken oder einen Weg haben, wie sie die Drogen hier reinkriegen. Da gibt es zum Beispiel einen, der hat draußen mehrere Leute umgelegt. Der hat ein hohes Ansehen. Wenn der was sagt, wird das von allen respektiert. Der ist ein Held. Wenn einer schlau genug ist, kann er schon einige Sachen kontrollieren.

Die Generäle haben ihre Offiziere und Soldaten. Das ist der Sprachgebrauch. Das Fußvolk, die Soldaten, die verteilen nur. Das Haschisch geht zehngrammweise an die Offiziere, das ist der engere Kreis. Die Offiziere haben ihre Soldaten, und die Soldaten bringen die Sachen unter die Leute und treiben die Gelder ein. Das ist die Drecksarbeit. Für die Generäle ist das Leben Kampf, ein gewaltsamer Akt, ein Krieg gegen dieses System. Die wollen und können sich nicht unterordnen. Er selber hat damit keine Probleme. Wenn, dann würde er zum Fußvolk gehören. Offizier zu werden, an die Generäle ranzukommen, ist schwer; die müssen natürlich Vertrauen zu einem haben. Zu einem Junkie zum Beispiel hat niemand Vertrauen; der scheißt an, fällt um, ist unzuverlässig. Der lügt und der stiehlt. Um Offizier zu werden, ist es besser, Delikte wie Totschlag oder mehrere Körperverletzungen zu haben. Solche Leute holen sie sich gerne als Offiziere. Gerade in Haus III hat man auch viel mit den Rechten zu tun. Das hat alles etwas Soldatenmäßiges an sich. Da muss man einfach stickum sein, da muss man ein Steher sein, da muss man gerade sein. Das sind die Anforderungen, die an einen gestellt werden.

Letzten Samstag war Hausalarm gewesen. Ein paar Ausländer hatten versucht, einen anderen Ausländer abzustechen. Er kennt einen, der hat am Hausalarmauslöser die Scheibe eingeschlagen, dann mussten alle unter Verschluss. Da hatte einer einen anderen angemacht, und dann ging es los. Sie haben sich geschlagen, der eine lief in seine Zelle, der andere hinterher, schmiss den Tisch raus, ein anderer kam dazu, schmiss den Tisch wieder zurück. Dann kamen noch mehr, und einer wollte mit einem Knüppel auf einen anderen los. Dann kam noch einer; der hat dann mit einem Messer zugestochen. Der eine kam ins Krankenhaus, einer kam ins Haus II, und einer ist noch im Bunker. Der mit dem Messer ist auf A-4, der kriegt jetzt ein Verfahren wegen versuchtem Totschlag. Der ist wegen Gewaltdelikten vorbestraft, da kann der gleich noch mal mit fünf Jahren rechnen.

Alles hängt von den Möglichkeiten ab, die die Gefangenen in den einzelnen Teilanstalten haben. Relative Freizügigkeiten, Gruppenangebote, Freistundenmöglichkeiten, Sportmöglichkeiten. Während in diesem Langstraferhaus Gewalt nicht so verbreitet ist, kommt es in anderen Häusern öfter zu Schlägereien, zu Messerstechereien, zu körperlichen Auseinandersetzungen. Das könnte an der Überbelegung liegen. Die Häuser V und VI sind für hundertfünfzig Gefangene vorgesehen. Hier im Haus sind hundertachtzig. Als man hier baute, ging man dem Strafvollzugsgesetz entsprechend vom Wohngruppenvollzug aus: Fünfzehn Zellen, eine Station mit Stationsbeamtem und Gruppenleiter oder Sozialarbeiter. Das gleiche auf der anderen Seite. Heute gibt es nur noch für dreißig Gefangene einen Beamten und die entsprechenden Räume. Also die Hälfte. Und für alle hundertachtzig Leute ist nur noch ein Gruppenleiter da: Krankheit, Urlaub, nicht besetzte Stellen. Wie soll ein Sozialarbeiter da die Entwicklung des einzelnen Gefangenen beurteilen? Haus VI ist noch schlimmer: Dort waren es bis vor kurzem zweihundertfünfzig Gefangene statt hundertfünfzig, weil man diese Einzelzellen, diese neun Komma fünf Quadratmeter, mit zwei Mann belegt. Doppelstockbett rein, geht ja alles. Aber das hat Folgen, denn das alles, die Gruppenräume und Duschen, die Küche oder die Freizeitangebote, die sind nicht für diese Anzahl von Leuten geplant. So entstehen Aggression und körperliche Gewalt.

Damals, in dem anderen Haus, da kam einer auf ihn zu und sagte: »Ich bin hier der Chef. Ich hab hier das Sagen.« Er wusste, bei dessen körperlicher Statur ist es besser, sich mit dem nicht anzulegen. Aber irgendwann kam der auf seine Zelle und wollte mit ihm reden. Er hat ihm aber gesagt: »Ich rede mit dir in meiner Zelle nicht.« Daraufhin wollte der eine Entschuldigung von ihm haben, bekam die aber nicht, weil er dem ja nichts getan hatte. Und irgendwann hat der ihm so ins Gesicht geschlagen, dass er zu Boden ging. Dann hat der noch mal eine Entschuldigung gefordert, weil er ihn nicht respektiert hätte. Und um des lieben Friedens willen hat er gesagt: »Okay, ich entschuldige mich bei dir.« Er war sauer, dass er den Schlag bekommen hatte, aber er hat den Beamten nichts gesagt, weil er nicht wusste, wer von denen auf welcher Seite stand. Man muss wissen, wer welche Lobby hat. Man muss mit den Konflikten anders umgehen als draußen. Und da er neu war, hat er sich zurückgehalten. Irgendwann ist auch sein Zorn verflogen, und im Grunde genommen akzeptiert der andere ihn jetzt, weil er nämlich respektiert, dass der einfach der Stärkere ist. Später hat der ihn auch mal gefragt: »Stimmt es, dass der Stärkere das Recht hat?« Da hat er gesagt: »Nein, das stimmt nicht, der Stärkere hat die Macht und nicht das Recht.« Da hat der ihm Recht gegeben. Mittlerweile wird er von den Leuten hier längst akzeptiert. Aber wenn er damals was gesagt hätte, dann wäre das möglicherweise anders ausgegangen.

Ich will, glaube ich, kein Kind haben. Früher war das schon mal so gewesen, dass ich gerne Kinder gehabt hätte, aber jetzt? Wer weiß, wie alt ich bin, wenn ich draußen bin. Dass sich das dann für mich – das glaub ich nicht. Deshalb sind für mich dann auch die Tiere, sind für mich dann auch die Kinder ... Mit einem Hund kann man keine sexuellen Handlungen machen, ich meine, gut, kann man auch, wenn man jetzt die Abart dazu hat. Aber sagen wir mal so, den Hund könnte ich, wenn ich den mit einem Menschen vergleichen würde, den könnte ich wie mein eigenes Kind behandeln. Der Hund hat ja auch seine eigene Welt und lebt ja auch. Und ist auch ein Lebewesen, man muss ja auch Arztkosten und all das finanzieren, was man normalerweise für ein Kind haben muss. Und ein Hund hat ja auch ein ziemlich langes Leben, wenn man das so sieht, der kann ja auch so siebzehn oder achtzehn Jahre alt werden.

Ich hab ja nun ein Sittlichkeitsvergehen. Dass ich das Gefühl, das ich vielleicht gerne hätte haben mögen, oder die Vorstellung, was ich vielleicht beim Verkehr, beim sexuellen Verkehr mir erhofft hätte – ich hab mich nicht getraut, einer Frau zu sagen, was ich gerne gehabt hätte oder gerne gemacht hätte oder gerne mal ausprobiert hätte, also was im sexuellen Bereich sich so ergibt – dass ich das dann einfach bei jemandem geholt habe, wo ich gesagt habe, ja, wird sich nicht wehren und wird das schon machen, wenn ich das sage: das ist es, weshalb ich hier bin. Jetzt bin ich also auf dem Stand da stehen geblieben, also auch in der Sexualität, was damals eventuell war. Und da muss ich halt durch.

Erst habe ich versucht, die Tat zu verdrängen. Dann bin ich aber zwei oder drei Tage später wieder in das Haus rein, weil ich ja meinen Kumpel besuchen wollte. Hab also die Tat verdrängt erst mal. Aber da waren

Zivilfahnder, die haben mich laut Phantombild gleich festgehalten. »Sagen Sie mal, können Sie mal mitkommen?« Ich sagte, ja bitte, ich wusste schon gleich, um was es ging. Das Fahndungsbild, das war wie eine Fotografie. Was die überhaupt für eine Erinnerung hatte, faszinierend. Da musste ich erst mal staunen.

Eigentlich bin ich sehr tierlieb. Ich habe immer gerne gearbeitet, manchmal mehr, als ich überhaupt musste. Aber die Gefühlswelt, die habe ich nebenbei weggelassen. Zeigen, dass ich einen mag, das konnte ich nicht. Nur meinem Hund. Der ist immer gekommen, und den hab ich gestreichelt. Ich hätte auf einem Bauernhof groß werden sollen. Das wär das Schönste gewesen. Früher war das natürlich so, dass ich mit Tieren viel besser umgegangen bin als mit Menschen. Was sich in meiner Haftzeit sehr verändert hat. Ja, und da sind für mich hauptsächlich Hunde und Katzen ganz besonders, obwohl jetzt auch noch dazu kommt: Pferde. Hunde und Katzen, das ist mein Hobby. Und daher habe ich mir einigermaßen die Bilder zusammengesucht, die mir so gefallen.

Ich hatte zu dem Zeitpunkt nur einen leeren Kopf gehabt, erst mal hab ich gar nicht daran gedacht, was das Mädel fühlt, was es denkt, was da überhaupt jetzt vorgegangen ist. Ich hab einfach ihre Emotionen gar nicht wahrgehabt, weil: Ich hatte eine Machtposition, obwohl ich eigentlich gar nicht der Typ bin, der gerne Macht auf andere ausübt. Jetzt denke ich schon daran, aber ich möchte es eigentlich nicht. Weil ich hoffe, dass es dem Mädel gut geht, ich hab viel Geld jetzt schon an

Mädels, an Frauen gespendet, wo ich vielleicht für mich was gutmachen kann. Ich hab Schuldgefühle, weil, ich hab Mist gebaut. Andersherum: Ich möchte versuchen, dass diese Zeit auch mal vorbei ist. Weil, das ist jetzt acht Jahre her, die war damals zwölf, die muss jetzt mittlerweile zwanzig sein. Wird ihre eigene Beziehung haben. Deshalb will ich da auch nicht weiter darüber nachdenken.

Also ich hab ein sexuelles Vergehen. Ich bin vierundzwanzig vor acht Jahren. Die ist minderjährig, die ist zwölf Jahre alt, ich will nur Oralverkehr. Also für mich. Ich will mal probieren, wie das ist. Ich hatte mal 'ne Freundin, die hat zum Anfang das mal gemacht. Und dieses Gefühl, das war irgendwie schön. Das hat mir gefallen. Aber jetzt hatte ich eine Freundin, mit der ich zusammenwohnte. Ich traute mich nicht, das zu sagen: »Würd ich gern mal haben wollen. Oder würd ich gern mal machen.«

Ich bin eigentlich gar nicht der Typ, der solche Gedanken hat, Kinderpornos und so was. Das ist alles so was Widerliches. Ich verfolge diese Fälle auch. Ich wollte eine Frau haben, mit der ich zusammen sein konnte, und ich war damals der Einzige in der ganzen Clique, der gesagt hat: »Also wenn einer meine Freundin oder mein Kind anfassen würde, dem würd ich den Kopf abreißen.« Und dann auf einmal hab ich selber so ein Ding am Hals gehabt. Wo mir das auch unangenehm war.

Ich meine, ich hätte ja auch eine auf dem Strich nehmen können, auf dem Babystrich, wär das wenigste

Problem gewesen. Für zwanzig Mark hätte ich das auch machen können. Aber mir war gar nicht der Gedanke danach. Deshalb bin ich auch der Meinung, ich bin nicht krank, dass ich sage, ich müsste unbedingt eine Therapie machen. Da bin ich einfach, denk ich, da bin ich einfach gar nicht krank. Ich bin viel dazwischengegangen, ich hab sogar geholfen, wo ein Zuhälter seine Prostituierte verprügelt hat in Hamburg. Da bin ich dazwischengegangen, weil mich das einfach angekotzt hat, wenn einer eine Frau schlägt. Das kann ich einfach nicht ab, da sag ich, wer eine Frau schlägt, der ist zu feige, sich mit einem Mann einzulassen. Und da bin ich dazwischengegangen.

Ich laufe also einfach so los, will einen Kumpel besuchen, meinen besten Freund. Mit dem will ich eigentlich nur reden. Weil, mit dem kann man auch über solche Sachen reden. Der ist aber nicht da. Der wohnt in einem Hochhaus, im zweiten Stock. Ich hab ja mal selbst da gelebt, im sechsten Stock. Der ist also nicht da, und ich denke, na ja, fährste mal hoch in den zwanzigsten, guckst dir die Aussicht an, über die Landschaft rüber. Ja, und dann fahre ich halt wieder runter, nach zehn Minuten, einer Viertelstunde. Und im zwölften Stock hält da der Fahrstuhl. Und dann ist da so ein Mädel mit einem Minirock und hat so einen Joghurtbecher in der Hand. Der fällt ihr runter. In dem Moment ist so ein Aussetzer da. Das ist dann, was ich gerne will. Im Kopf ist einfach alles ausgeschaltet. Ich nehme das Mädel, zieh sie ins Treppenhaus, sage ihr, sie soll ruhig sein und soll nur das machen, was ich sage. Dann passiert also nichts weiter. Nichts weiter. Ich weiß nicht, wie lang das dauert, zehn Minuten, Viertelstunde. Und dann laufe ich die Treppe runter.

Wenn ich rauskomme, werde ich mir auf alle Fälle wieder einen Hund zulegen. Eine Freundin muss auch sein, klar. Aber das Tier ist mit dabei. Es soll nicht so sein, dass ich das Tier bevorzuge vor der Frau oder vor der Partnerin, das soll nicht sein. Das Tier soll einfach nur dazugehören in der Beziehung, also als Familientier quasi, das soll in der Beziehungssache mit drin sein. Ich kümmere mich um das Tier wie um mein eigenes Kind.

Wenn er sich hier in der Haft einmal gestritten hat, dann nur mit Beamten. Die wissen, was sie an ihm haben. In Haus I zum Beispiel ist das ein ganz anderer Schlag als hier in Haus V. Da fühlte er sich wie im alten Reich, so benehmen die sich, wie Sheriffs. Da tragen die Krawattennadeln mit Handschellen, die sind wohl ein bisschen verwirrt dort, denkt er. Er hat hier unglaubliche Grobheiten gesehen, sei es von Gefangenen, sei es von Justizbeamten. Einmal musste sogar einer, weil sie ihm das Auge ausgestochen hatten, mit einem Hubschrauber abgeholt werden. Das wird eine Auseinandersetzung gewesen sein, denkt er: Einer hat seine Schulden nicht bezahlt, und fertig. Die hauen sich hier öfter mal aufs Maul. Er ist der Meinung, so was muss nicht sein. Er macht keine Schulden, da kann ihm so etwas auch nicht passieren. Aber einmal hat auch er vor einem gestanden und sich erst im letzten Moment zurückgerufen. Wenn es reicht, dann reicht's. Man muss nicht kriminell sein, um das zu kapieren, irgendwo hat jeder seine Schwelle. Wenn die übertreten ist, dann ist es vorbei. So ist das: Man wird gereizt, das peitscht sich hoch, keiner will den Mund halten. Und irgendwann ist die Schwelle übertreten. Dann sieht man den da liegen und ist sich nicht bewusst, dass man zugehauen hat.

Die Tat interessiert keinen. Ob einer ein Mörder ist, interessiert keinen. Auch nicht, ob einer ein Hühnerdieb ist. Wenn einer ein Räuber ist, interessiert das auch keinen. Was aber interessiert, ist, ob einer ein Kind missbraucht hat oder eine Frau vergewaltigt und umgelegt hat. Das will jeder wissen. Wenn so etwas rauskommt, steht man auf der Abschussliste. Man wird zwar nicht umgelegt, aber verspottet und aus der Gesellschaft ausgeschlossen. Weil so viel draußen passiert mit Frauenmissbrauch und Vergewaltigung und Mord und Kindermissbrauch. Mit Kindermördern oder Vergewaltigern oder Kinderschändern oder solchen Leuten lebt man hier zusammen. Die Leute quatschen immer: »Den leg ich um, oder den leg ich um.« Aber zwei so genannten Kinderfickern, die er hier kennt, denen ist noch gar nichts passiert, keiner hat die umgelegt. Die Leute hier sind nicht mehr die von damals, die noch Ehre im Leib hatten, denkt er. Alle haben Angst, einen Nachschlag zu kriegen. Früher war denen das scheißegal, die wurden umgelegt, die Leute. Er kennt einen, mit dem hat er gearbeitet, der sagte immer: »Ich bin hier wegen Körperverletzung.« Und dann hieß es, der ist ein Sittich. Er ist zu dem gegangen und hat gesagt: »Du sagst mir jetzt die Wahrheit.« Dann hat der ihm seine Papiere zum Lesen gegeben: Einmal vollendete Vergewaltigung und dreimal versuchte Vergewaltigung. Seitdem redet er mit dem Mann kein Wort mehr.

Er kennt einen in einem anderen Haus, der musste gewissen Gefangenen sein Urteil zeigen, um ihnen zu beweisen, dass er kein Kinderficker ist. Die waren ganz hysterisch und haben alle Gefangenen, die in ihre Teilanstalt kamen, begutachtet und beobachtet. Das kann gefährlich werden, wenn man sich weigert, sein Urteil zu zeigen. Denn dann steht man unter dem Verdacht, ein Kinderficker zu sein, auch wenn man es nicht ist. Er hat sich oft gefragt, ob die das wirklich wissen wollten, ob einer ein Kinderficker ist, oder ob die nur die Kontrolle haben wollen. Und er kennt einen, der wurde zwei Jahre unter Verschluss gehalten, weil gewisse Gefangene gesagt hatten, dass der ein Kinderficker wäre. Der ist zwei Jahre lang nicht zum Duschen gegangen, hat sich nur am kalten Wasserhahn gewaschen. Mittlerweile ist der aber wieder draußen und läuft im Haus frei rum.

Was er hier gehört hat, was sich Leute für Pläne ausdenken für die Zeit, wenn sie rauskommen: Hier laufen ein paar Figuren rum, die behaupten, selbst vor Kindern nicht Halt machen zu wollen, irgendwelche krankhaften Hirne. Er hört sich das gar nicht mehr an, er sagt diesen Leuten immer nur eins: Weg aus meiner Nähe. Bei denen ist aus seiner Sicht Hopfen und Malz verloren. Die würden bei ihm nirgendwo mehr hinkommen, auch nicht in einen besonders pflegefreundlichen Bereich. Die normalen Gefangenen haben diesbezüglich doch einen gesunden Menschenverstand. Ein einfacher Mord, wie er ihn gemacht hat, ist ein Mord. Das hat nichts mit Kindern zu tun.

Er kennt einen, der wäre hier fast gestorben. Nach dem Tischtennis wurde dem schwindlig, und er sackte zusammen. Sein Nachbar ließ über Alarm einen Sanitäter holen. Aber das dauerte, bis der kam. Der Kranke sagte, das sei sicher das Herz. Der Sani maß ihm Puls und Blutdruck: »Alles in Ordnung«, sagte er, »das ist nicht das Herz. Hier ist Rheumasalbe, cremen Sie sich die Brust ein. Ich gebe Ihnen noch eine Schmerztablette.« Diese Tablette hätte den fast umgebracht. Die Finger wurden taub, die Arme fingen an zu schmerzen. Er ließ wieder den Sani rufen. Der versuchte, ein EKG anzuschließen. Das ging nicht. Eine Kollegin holte ein anderes Gerät. Das dauerte noch mal fünfundzwanzig Minuten. Der Kranke sagte: »Ich denke, es ist das Herz.« Der Sani kam mit dem EKG nicht klar, dann sagte er: »Ich habe schon hunderte EKGs gesehen, das Herz ist in Ordnung.« Es war Abend, und es gab keinen Arzt mehr in der Anstalt. Der Kranke bestand darauf, das EKG nach Plötzensee zu faxen, in das Krankenhaus der Berliner Vollzugsanstalten. Der Arzt dort sah sofort, was los war, und rief Notarzt und Feuerwehr. Als die Notärztin den da liegen sah, sagte sie gleich: »Der Mann hat einen Herzinfarkt. Sofort raus hier!« Aber am Tor ließ man den Rettungswagen nicht durch.

»Ich versteh das nicht«, sagte sie, »wir kommen hier nicht weg, Sie sterben mir unter den Händen.« Deshalb schlug sie ihm vor, ein noch ganz neues Medikament zu probieren. Das könnte zwar schwere Nebenwirkungen haben, sagte sie, aber er unterschrieb, und sie spritzte das Zeug, und Morphium auch. So rettete sie sein Leben. Auf dem Weg in die Humboldt-Klinik bekam er Fußfesseln. Später wachte er im Krankenhaus auf und hatte kein Gefühl mehr in den Beinen. Da erst entdeckten die Ärzte die Fesseln, groß und schwer wie für Elefanten. Alle waren entsetzt. Wenn die den wiederbelebt hätten, wäre auch der Arzt gestorben. Am dritten Tag in der Klinik wurde ein Katheter gelegt, und mitten im OP standen die Bullen. Die gingen nicht raus, bis der Kardiologe sie in den Nebenraum schickte. Dort gab es Monitore. Für den Kranken war das sehr unangenehm, aber für die Bullen war das interessant. Zur Nachversorgung sollte der dann in das Haftkrankenhaus Plötzensee gebracht werden. Er konnte sich kaum bewegen und musste doch den ganzen Flur, fünfundsiebzig, achtzig Meter weit gehen, vier Tage nach dem Infarkt, mit diesen modernen, kompakten Handschellen. Wer damit fällt, bricht sich unweigerlich die Hände. Draußen regnete es, es war kalt, in seinem Schlafanzug musste er bis zum Auto laufen. Als sie da waren, telefonierte er mit seiner Tochter. Er kam alleine in ein Zimmer. Man gab ihm Weißbrot und etwas zu trinken ans Bett. Den Kalfaktor fragte er nach einer Selters: »Das kostet eine Mark«, sagte der. Der Kranke hatte aber keine Mark. So lag er da. Im Dunklen trank er rostiges Wasser aus dem Hahn und aß von dem Weißbrot. Es ging ihm immer mieser. Am Morgen kam das Frühstück, da sah er: Das Brot war verschimmelt, und was er gegessen hatte, wohl auch. Er wollte noch mal telefonieren. »Das kostet fünfzig Pfennig«, sagte die Schwester. Aber er hatte kein Geld. Er wollte sich bei anderen Patienten etwas pumpen. Nach anderthalb Stunden hatte er zwar die fünfzig Pfennig zusammen, alles in Fünfpfennigstücken, aber er durfte nicht ans Telefon. Am nächsten Morgen bestellte ihn der Kalfaktor zur Arztvisite: »Da muss man selber hin.« Er fühlte sich wie vor dem Volksgerichtshof. Ärzte, Schwestern, Pfleger, alle saßen auf ihren Positionen. Er wollte nur zurück ins Gefängnis: »Da ist es warm, es gibt sauberes Wasser, und zu essen habe ich dort auch.« Da sagte der Arzt: »Regen Sie sich mal nicht so auf, ich trinke jeden Tag verrostetes Wasser.« Dann kam der Kranke wieder hierher und hat sich nach vier Wochen gesundschreiben lassen. Jetzt hofft der, dass er keinen zweiten Infarkt bekommt.

So einen Herzinfarkt hatten hier manche, und freie Arztwahl gibt es hier nicht. Er kennt einen, der liegt seit vier Wochen in Moabit im Krankenhaus, Magen- und Darmkrebs. Das hat der sich wohl hier geholt. Letzte Woche haben sie dessen Zelle geräumt. Das ist das Essen hier, denkt er, und die Sucht, die der hatte, spielte wohl auch eine Rolle. Aber Magenkrebs kriegt man nicht von heute auf morgen. Das muss einen Ursprung haben, und der liegt hier, glaubt er. Hier kriegt den Tod keiner mit. Wenn einer morgens, wenn die Zellen aufgeschlossen werden, tot im Bett liegt, ist das unwichtig. Das interessiert gar keinen. Da kommt der Wagen, die grüne Minna, und der wird abgeholt. Feierabend. Er hat schon viele Tote hier gesehen. Einmal war er dabei, wie sie einen in der Zelle abgehängt haben, einmal hat er gesehen, wie sie einen aus der Zelle runtergefahren haben. Bei solchen Fällen ist meist stiller Hausalarm, die Gefangenen kriegen das nicht mit, die sehen das gar nicht. Später dann, nach drei, vier Tagen, liest man das in der Zeitung: »eines natürlichen Todes gestorben«. Wer hier Fußpilz hat, kriegt Aspirin, auch wer einen Pickel auf der Nase hat: Alles wird mit Aspirin behandelt. Es gibt Gefangene, die sind schon achtunddreißig Jahre hier. Die haben keinen Durchblick mehr. Die kennen zwar die ganze Anstalt, sogar das alte Zuchthaus noch. Einer ist schon über siebzig Jahre alt, der ist sein halbes Leben lang hier. Der könnte was erzählen. Aber der traut sich nicht.

DIE STRAFE

Vor seiner Haftzeit war ein Lebensabschnitt, jetzt während seiner Haftzeit ist ein Lebensabschnitt, und nach seiner Haftzeit wird auch ein Lebensabschnitt sein. Er sieht in den Hof: Bei der Freistunde sieht er die Leute spazieren oder trainieren. Wenn sie alle drinnen sind, sieht er nur die Bäume und die Vögel, die ganz kleinen Vögel und manchmal auch die großen schwarzen. Und nachts die Enten, die kann er hören, ganz deutlich sogar. In der ersten Zeit, als er reinkam, war das sehr schwer für ihn. Er musste sich erst zurechtfinden. Damals grübelte er: »Hält die Frau nun zu mir oder nicht?« Bekanntschaften gingen kaputt, er verlor nicht nur die Freiheit, sondern auch die Ehre, er verlor das Ich. Und er hat es bis jetzt durchgehalten, wohl auch durch seine Bekannten und Freunde. Wenn die keine Briefe geschrieben hätten oder ihn nicht besucht hätten, glaubt er, dann könnte er all das hier nicht erzählen. Er hat sich gesagt, er muss hier durch. Es gibt ein Sprichwort: »Ob sie dich lieben oder hassen, einmal müssen sie dich doch entlassen.« Er hat alles mitgemacht. Er muss hier durch.

Er kennt einen, der hat ihm erzählt, wenn der abends im Bett liegt und versucht, sich seine frühere Freundin vorzustellen – wie sah die denn aus und wie sieht sie jetzt aus? –, dann kriegt der das Bild vor seinem inneren Auge nicht mehr zusammen, so weit hat der das weggedrängt und verworfen. Aber wenn der an seine Tochter denkt, dann ist das Bild sofort da. »Die hat so ein kleines Muttermal an der Stirn, an der Seite, und so eine freche Schnute«, sagt der ihm: »Superaktiv ist die, sowas hast du noch nicht gesehn.« Die ist das, was der braucht. »Man zieht ein Kind nur einmal groß«, sagt der ihm. Wenn der rauskommt, ist er dreißig, und seine Tochter ist dann fünf, kurz vor der Einschulung. Der denkt sich das so: Wenn sie die Einschulung geschafft hat, zweite, dritte Klasse ist und sich ein bisschen gefestigt hat, dann ist die Zeit gekommen, sich vor sie hinzustellen und zu sagen: »Du, hör mal zu, der Mann da ist nicht dein Papa, ich bin dein Papa.« Ob man ihr erzählt, er sei unterwegs gewesen oder er habe gearbeitet – der ist eigentlich mit allem zufrieden, der möchte halt nur, dass sie auch klipp und klar weiß: Er ist ihr Papa, und er ist für sie da.

Manche haben Langzeitsprecher mit ihrer Frau, einmal oder zweimal im Monat. Er selber hat damit kein Problem mehr. Er steckt das weg. Denn er hat jetzt nichts mehr, woran sein Herz hängt. Seine Frau, mit der war er vierzehn Jahre zusammen, die kommt seit zwei Jahren nicht mehr zu Besuch. Die Eltern wollen auch nichts mehr mit ihm zu tun haben. Da war mal eine Zeit gewesen, da hätte er sie gebraucht, draußen, als er den Absprung von dieser ganzen Scheiße schaffen wollte. Da hat er noch mal versucht, Kontakt zu ihnen zu finden. Er war bei seinem Vater gewesen, nach zwei Minuten haben sie sich in die Haare gekriegt. Der Vater hat ihn rausgeschmissen, und er hat sich rausschmeißen lassen, sonst hätte er sich mit dem schlagen müssen. Aber er kann seinen Vater nicht schlagen.

Er kennt einen, der ist hier Opa geworden. Dessen Tochter ist sechzehn und kam hier hin mit ihrer kleinen Tochter, am dritten Tag nach der Geburt. Sie sagte: »Ich wollte unbedingt kommen. Du sollst sie ja auch sehen.« Der hätte die Kleine zwar spätestens bei seiner nächsten Ausführung gesehen, aber da wäre die schon ein Stückchen größer gewesen. Also hat sie ihm das kleine Würmchen in die Hand gedrückt. Der dachte, er zerdrückt es, man hat ja überhaupt kein Gefühl mehr für so was. Der hat ihm erzählt, wenn er seine Frau in den Arm nimmt, dann sagt er zu ihr: »Wenn ich zu doll drücke, musst du es sagen. Weil, das ist irgendwo weg. Wenn es hier mal zur Sache geht mit Prügeln, da muss man hart anfassen, ansonsten kommt man hier nicht weit.«

Zum Glück hat er keine Frau mehr. Es gibt keine Frau, die draußen wartet, Gott sei Dank hat er keine Kinder. Weil er keine Frau hat, hat er keine Kopfschmerzen. Wenn er eine Frau hätte, müsste er immer an sie denken. Denken, denken, denken, das macht nur Kopfschmerzen. Wer keine hat, hat Ruhe, denkt er. Natürlich, wenn man draußen eine hat, die richtig hinter einem steht, ist das gut. Aber welche Frau macht das schon? Hier haben alle Probleme mit ihren Frauen, die fragen sie immer: »Wo warst du gestern?« Manche machen mit ihren Frauen Schluss, wenn sie ihre Strafe gekriegt haben. Weil sie sie lieben. Warum soll die das mitmachen?, denken die. Die soll doch ihr Leben genießen draußen. Da kennt er viele.

Und er kennt einen, dem geht es hier ohne seine Frau ganz schlecht. Aber der bleibt allein in seiner Zelle und denkt immer an seine Frau und seine Kinder und wie es denen geht und ob die was zum Essen haben. Vielleicht haben die gar nichts, kein Geld, und dann müssen die was verkaufen, um etwas zu essen zu haben. Der sitzt also in seiner Zelle, sieht fern, hört Radio, wäscht seine Sachen und denkt viel nach. Wenn dessen Frau und dessen Kinder hier in Deutschland wären, müsste der nicht so viel denken. Da hätten sie eine Wohnung, Heizung und jeden Monat Geld für Essen. Aber die sind nicht hier. Und jetzt kommt bald wieder der Winter, da muss die Frau heizen. Ein Kind ist acht, die Kleine ist drei.

———————————

Ich gucke nicht aus dem Fenster. Ich kann jetzt nicht mehr malen. Ich war so viel krank. Draußen war ich ganz normal. Ich war nicht so krank. Ich war gar nicht krank. Ich gehe fast jeden Monat für eine Woche in den Bunker. So viele Medikamente. Dann kommt eine Idee, und ich fange ein Bild an. Nach fünfzehn Minuten, ich weiß nicht, wie schnell die Zeit vergeht, ist ein Bild immer noch nicht fertig. So war das immer.

Früher sah ich die Geister, das weiß mein Doktor auch, Geister oder Teufel. Ich male diese Bilder, und manche sind voller Blut. Ich habe auch viele normale

Bilder mit Wäldern und Bergen. In meiner Stadt sind viele Bäume. Nicht weit von Ankara. Da gibt es richtige Sommer und richtige Winter, nicht so wie hier. Es ist nicht jeden Tag dunkel. Wenn die Sonne kommt, dann bleibt sie, ohne Wolken. Und im Winter schneit es gut. Jetzt ein bisschen weniger.

Ich bin schon zwei Jahre hier, wegen versuchtem Mord. Ich habe in einer arabischen Firma gearbeitet, mit meinen Freunden zusammen, als Baupolier, sieben Monate lang. Ich habe überall gearbeitet. München-Garching, Leipzig, die Neue Messe, da überall habe ich gebaut, auch am Potsdamer Platz. Ich weiß nicht, an welchem Gebäude. Ich glaube, das war '95, das Mercedes-Gebäude. Aber wir waren da nicht so lange, wir machen nur Eisenarbeiten. Für mich war das wie ein Hobby, die Arbeit gefiel mir. Meine Hände bluteten vom Draht, der schnitt so ein. Und meine Füße waren voller Flecken. Aber ich habe es gar nicht bemerkt. Später sah ich dann das Blut an der Schalung und an meiner Hand. Aber für mich war das eine sehr gute Arbeit.

Wenn ich male, dann wie ein Roboter. Zehn, fünfzehn Stunden. Mit Bleistift oder Aquarellfarbe, immer malen. Aber das macht Spaß, ist lustig. Eigentlich kann ich nicht gut malen. Ich glaube, die Idee dazu kommt von dieser Krankheit. Oder von meinen Therapeuten. Ich habe die ganze Wand angemalt, in vier, fünf Tagen meine ganze Zelle, an Weihnachten. Und nach Weihnachten hat der Doktor alles gesehen, und es hat ihm sehr gefallen, die Berge, die Bäume. An einer Wand waren drei Schlangen, die ganze Wand nur drei Schlangen. Ich habe auch Bilder auf Papier gemalt. Die zeige ich allen. Die Leute mögen meine Bilder sehen. In manchen Bildern ist viel versteckt. Wenn die Leute nicht richtig gucken, sehen sie es nicht. Früher habe ich gar nicht gemalt, ich habe erst hier damit begonnen.

Dieser Araber hat kein Geld bezahlt, jeden Monat zu wenig. Und er hat jedes Mal gesagt: »Ein Problem. Ich habe Baukredite. Ich habe Frau, Kinder.« Wir haben uns vor dem Tattag in seiner Wohnung getroffen und ein bisschen Ärger gemacht, weil er seine Bodyguards dabei hatte, Araber. Am nächsten Tag wollte ich meine Arbeitspapiere abholen – wir hatten ihm sämtliche Papiere gegeben, aber er hat uns gar nicht angemeldet, sieben Monate haben wir schwarz gearbeitet. Ich hatte eine Pistole dabei, weil: Diese Leute sind gefährlich. Die Pistole hatte ich gekauft. Ich kenne viele Leute, die Pistolen haben. Ich wollte auch eine Pistole haben, aber in der Türkei sind die teuer. Meine war billig, ich habe 700 Mark bezahlt, gar nicht teuer. Ich wollte also nur meine Papiere abholen, und er hat mich mit einem Messer angegriffen. Er hatte es in der linken Hand, und ich habe in seine linke Hand geschossen, mit zwei Schüssen, und ich habe siebeneinhalb Jahre Strafe gekriegt. Auch wenn die es anders sagen, ich wollte den niemals töten. Meine Freunde, die glauben mir. Er war nur vier Tage im Krankenhaus gewesen.

Meine Ärztin hat gesagt, wenn es mir schlecht geht, muss ich mich selbst melden. Dann gehe ich in den Bunker. Ich kriege Medikamente. Aponal heißt das, ein Beruhigungsmittel. Manchmal, wenn es mir nicht gut geht, dann kriege ich auch Diaspal, das ist sehr stark, oder Melaril, Diaspal, Atosil, Aponal. Bunker ist besser als die Sonne draußen. Im Bunker bleibe ich noch ruhig. Sonst ist im Knast für mich alles gleich. Manchmal wünsche ich meinen Tod. Ich bin nicht sehr stark. Ich sage jedes Mal: »Gott sieht alles.« Aber er sieht nichts. Der Richter ist stärker als Gott.

Manchmal kommen Poltergeister oder so was. Die sind wie kleine Männchen und spielen im Waschbecken oder singen, zum Beispiel, wenn ich male. Ich habe ein paarmal versucht, mit ihnen zu sprechen. Aber ich verstehe nicht, was die sagen. Die sind nicht wie Menschen. Aber interessant, sehr interessant: Die sprechen. Die sind ungefähr fünfzehn Zentimeter groß und sehen aus wie Menschen, etwas schlanker nur. Sie tragen Pullover. Hosen auch, blau, dunkelgrün. Einige haben auch einen Bart, so ähnlich wie auf meinen Bildern. Ich habe sie gezählt, es waren sechs. Fünf haben zusammen gespielt. Da war noch einer, aber die anderen haben nicht mit dem gespielt. Wenn er zu den anderen Geistern kam, bekamen die Angst vor ihm und sind weggelaufen. Alle weg. Ich versuchte zu sprechen, ich wollte auch weglaufen. Aber ich hatte keine Kraft. Oder mein Mund ging nicht auf.

Die Geister waren bestimmt zehn-, fünfzehnmal bei mir. Oder noch öfter, ich weiß nicht. Immer die gleichen. Manchmal kommen nur diese fünf; der andere kommt nicht. Aber manchmal doch, dann haben die anderen fünf Angst vor ihm. Er spricht lauter als die anderen; die anderen spielen ganz ruhig. Ich habe keine

Angst, weil sie ganz ruhig sind. Ich sitze, ich male, die stören mich nicht. Vielleicht gefällt mir das auch, ich weiß nicht. Am Ende gehen sie durch mein Fenster raus, das ist immer offen. Gleich neben dem Waschbecken ist das Fenster und auch das Klo. Da gibt es Rohre. Die klettern die Heizungsrohre rauf. Vielleicht besorge ich eine Kamera. Im Bunker gibt es Kameras. Aber da kommen die nicht hin, die Geister. Wenn ich in den Bunker gehe, geben die mir ganz starke Medikamente, da schlafe ich gleich, im Bunker.

So viele Medikamente machen ganz ruhig. Ich kann dann nicht denken, nicht schreiben. Wenn du was schreiben willst, schreibst du ein Wort, dann hast du den Rest vergessen. So war es auch beim Gerichtstermin. Mein Termin ist ganz schlecht gelaufen. Es waren viele Zeugen da. Ein deutscher Bauleiter hat gesagt, dass ich immer korrekt und gut gearbeitet habe und keine Fehler gemacht habe. Der Richter hat die anderen Arbeiter gefragt: »Haben Sie Geld gekriegt?« Und die haben auch gesagt: »Wir haben kein Geld gekriegt, und wir haben immer noch Angst vor diesem Araber.« Der Bauleiter hat auch gesagt: »Dieser Araber kommt immer mit ein paar Bodyguards auf die Baustelle.« Ich wollte auch etwas sagen, aber auf jeden Satz musste ich zehn Minuten warten; es ging einfach nicht. Die haben mir Beruhigungsmittel gegeben dort. Trotzdem habe ich so viel Strafe gekriegt. Dabei habe ich Kredite laufen, und die wollte ich auch bezahlen. Vielleicht bleibe ich, bis ich sterbe, hier. Weil, ich sehe meine Tochter regelmäßig hier, und wenn ich in die Türkei gehe, habe ich vielleicht keine Chance, wieder herzukommen. Besser, ich sehe meine Tochter jede Woche.

Ich denke sehr viel an meine Tochter. Sie ist schwer behindert, Muskelschwund. Ich glaube, das ist das Schlimmste. Ich denke nur an meine Familie. Ich wollte meine Frau und Tochter niemals verlassen, aber dieser Mann hat alles kaputtgemacht. Ich habe in Moabit nach dem Termin Selbstmord versucht. Vielleicht versuche ich es noch mal. Ich weiß nicht. Wenn ich rauskomme, kriege ich Abschiebung. Das ist sehr schlimm. Was kann ich mit diesem kranken Kind in der Türkei machen? Da gibt es keinen Hort und keine Krankengymnastik. Hier gibt es das alles. Meine Tochter ist so krank, und ich kann ihr nicht helfen.

Jetzt kann ich nicht mehr malen. Ich habe keine Lust. Ich weiß nicht, warum. Ich denke jetzt wieder viel. Ich kriege weniger Medikamente. Vielleicht habe ich deswegen keine Lust. Vielleicht, wenn ich wieder viele Medikamente kriege, vielleicht dann wieder. Heute denke ich nicht an meine Familie; der Kopf ist ganz leer. Ich habe vieles vergessen, vieles nicht erzählt. Manches weiß ich nicht mehr. Heute denke ich gar nichts.

———————

Jeder hier hat ein sexuelles Problem, weil er keine Partnerin hat. Weil schon so viel Zeit vergangen ist, kann er sich kaum vorstellen, vor seinem Lebensende noch eine Partnerin zu finden. Auch wenn ihm viele hier in den Gesprächsgruppen sagen, er würde schon irgendwann wieder einmal eine Partnerin finden. Das wird schwer, davon geht er aus. Es wäre natürlich schön, wenn es doch passierte.

Hier gibt es wenige Freundschaften, eher Zweckgemeinschaften, Leute, die zusammen einkaufen, damit sie über den Monat hinweg gemeinsam kochen und essen. Das würde er nicht Freundschaft nennen. Andere spielen Karten. Er kennt welche, die treffen sich zwei-, dreimal die Woche abends mit Keyboard und Gitarre. Aber es gibt auch Freundschaften, die auf Grund des Gefühlslebens, der Sexualität zu Stande gekommen sind, weil die Einsamkeit hier sehr schlimm ist. Und so gibt es oft sexuelle Kontakte untereinander. Auch das ist eine Art von Zweckgemeinschaft.

Sex im Gefängnis ist ein Tabu, aber das gibt es natürlich. Hier gibt es eine Hierarchie, genauso wie es Prostitution gibt. Die einen sind mehr dafür geschaffen, die anderen weniger. Mit Vorliebe werden natürlich die genommen, die jünger sind und vielleicht auch etwas zierlicher gebaut. Man kriegt ziemlich schnell mit, ob es da eine Basis für Einschüchterung gibt. Einige versuchen es auf die nette, freundliche Art. Spendieren, spendieren, spendieren, und hinterher möchte man dann eine Gegenleistung, zieht womöglich auf denselben Haftraum. Dann gibt es welche, die von Natur aus schon so veranlagt sind. Die Homosexuellen haben damit keine großen Schwierigkeiten, die können ihre Sexualität weiter ausleben, wenn sie entsprechend gut aussehen. Und dann gibt es einige, die meinen, andere auf Grund ihrer zierlichen Statur unter Druck setzen zu können. Manche haben Angst, sexuell missbraucht zu werden. Die Erfahrung hat er selber gemacht, in einem anderen Gefängnis. Das ging dann so weit, dass er einmal unter der Dusche vergewaltigt wurde. Das ist schon viele Jahre her, inzwischen hat er das ziemlich verdrängt. Damals aber konnte er damit nicht leben; er hat einen Selbstmordversuch unternommen und ist durch die Hölle gegangen.

Prostitution im Gefängnis braucht ihre Zeit. Manche prostituieren sich freiwillig, das wollte er erst nicht glauben. Das gibt es wirklich. Andere machen das, weil sie draußen nichts haben. In der Regel aber läuft das auf eine Beziehung hinaus. Es ist nicht so, dass man sagt: »Ich hab dir eine Stange Tabak gegeben, jetzt will ich dich auch poppen. Lass mal die Hose runter!« So läuft das in der Regel nicht, jedenfalls nicht hier. Aber es kann natürlich auch sein, dass einer, der unbedingt mal ran will, zum Schein einen auf freundlich macht und den anderen hinterher fallen lässt wie eine heiße Kartoffel. Echte Vergewaltigungen gibt es eher im Jugendvollzug oder wenn Drogen im Spiel sind. Hier ist das selten, weil alle in verschiedenen Häusern liegen und da rauswollen – entweder in ein besseres Haus oder in die Lockerung.

———————

Ich bin sechseinhalb Jahre inhaftiert, aber bin unschuldig. Ich habe gelernt, zwischen zwei Dingen zu differenzieren: Es gibt die Justiz, die draußen für das Verfahren, die Verurteilung zuständig ist, und es gibt die Justiz, die hier drin für den Vollzug der Freiheitsstrafe zuständig ist. Das sind zwei Seiten einer Medaille. Ich bin zu lebenslanger Freiheitsstrafe verurteilt. Bisher dachte ich, entweder ich gehe rehabilitiert raus oder in der Kiste. Das war bis vor einem halben Jahr mein Anspruch. Ich habe für mich den Vollzug inzwischen als eine Lebensetappe deklariert und lebe hier drin. Das macht mir viele Dinge einfacher im Umgang mit mir selbst, mit meiner Umgebung, mit dem Vollzug, mit den Mitgefangenen. Ich gehöre nicht zu den Leuten, die sich selbst zerfleischen. Ich denke, das ist für mich der richtige Weg.

Ich war Geschäftsführer einer Immobilienfirma. Nach der Ermordung meines Chefs kam auch ich in den Strudel der Ermittlungen, wurde festgenommen, freigesprochen, im zweiten Verfahren zu zehn Jahren verurteilt und dann im dritten Verfahren zu lebenslänglich. Ich habe die ganze Spanne von Freispruch bis lebenslänglich durch. In der ersten Verhandlung war es für mich kein Problem, die gegen mich gerichteten Vorwürfe zu entkräften. Und zwar ausschließlich mit den Ermittlungsergebnissen der Polizei und der Staatsanwaltschaft. Da kam das Gericht nicht umhin, mich freizusprechen, denn wo es nichts zu beweisen gibt, da kann man auch nichts konstruieren.

Der Bundesgerichtshof hob diesen Freispruch auf, so dass ich ein Jahr später die zweite Verhandlung hatte. Da kam das Gericht in eine blödsinnige Situation: Auf der einen Seite hatten sie den aufgehobenen Freispruch, auf der anderen hatte die Beweisaufnahme auch nichts anderes ergeben. Mich freizusprechen, trauten sie sich nicht mehr, aber so, wie es der Staatsanwalt gefordert hatte – lebenslange Verurteilung –, das ging auch nicht. Die versuchten einen Spagat, und der ließ sich dann überhaupt nicht mehr begründen. Es ist ja so: Entweder ich habe etwas getan oder ich habe etwas nicht getan. Die beiden Dinge gibt's nur, und ich soll einen angestiftet haben, meinen Chef umzubringen, mit dem ich ein hervorragendes Verhältnis hatte. In der dritten Verfahrensrunde durfte das Tatgericht keine eigenständigen Tatsachenfeststellungen mehr treffen. Die Urteilsbegründung klingt wie eine Entschuldigungsrede: »Wir konnten ja nicht anders, wir mussten ja.« Seit einiger Zeit versuche ich, ein Wiederaufnahmeverfahren in Gang zu bringen, aber das ist eine finanziell aufwendige Geschichte. Und dazu gehört mehr als nur ein bisschen Energie. Offensichtlich ist es in diesem Lande so, dass du Recht nur dann bekommst, wenn du das Geld dafür hast. Ein Anwalt für ein Wiederaufnahmeverfahren ist nicht billig. Das ist das Handikap.

Ich will in erster Linie rehabilitiert werden, aber auch den tatsächlichen Mörder benennen, und zwar öffentlich. Er wird nicht mehr dafür verurteilt werden, denn er hat eine Zeitstrafe bekommen; der Strafanspruch ist schon verbraucht. Die Geschichte damals war sehr spektakulär, und es lohnt sich, das aufzuarbeiten, weil es ein guter Krimi sein kann, aber auch, weil es die Nicht-Unfehlbarkeit der Justiz deutlich macht. Es geht nicht darum, die an den Pranger zu stellen;

Richter und Staatsanwälte sind auch nur Menschen. Ich habe vor, ein Buch, einen dokumentarischen Roman über diese Geschichte zu schreiben. In diesem Verbrechen spielt vieles eine Rolle, eine Menge Geld, die DG-Bank und der Politiker Peter Gauweiler, ein langjähriger Freund meines Chefs.

Die Phase der Wut ist vorbei. Als ich festgenommen wurde, wusste ich nicht, wie mir geschah. Ich habe in meiner Zelle gesessen und geheult. Ich konnte nicht mit mir umgehen. Als dann der erste Brief ankam nach einer Woche oder zehn Tagen, meine Frau hatte geschrieben und mein Sohn hatte noch was druntergeschrieben, stand ich auf dem Gang und heulte. Ich konnte mich ja nicht wehren, weil ich nicht wusste, was man mir vorwarf. Denn ich kam mit einem fingierten Haftbefehl in Haft. Als man den dann aufhob und durch einen ordentlichen ersetzte, einen wegen Mordes mit einer Sachverhaltsschilderung über meinen angeblichen Anteil an der Mordgeschichte, war ich froh. Ich dachte, jetzt kannst du alles entkräften, was hier steht. Da freut sich einer über einen Haftbefehl wegen Mordes!

Eine Woche später kam mein Anwalt und erteilte mir einen Dämpfer: »Wir müssen die Akteneinsicht abwarten.« Fünf Monate später hatten wir Akteneinsicht. Alles, was ich meinem Anwalt geschrieben hatte an Argumenten und Widersprüchen, alles, was zur Entkräftung beitrug, fand sich in den Ermittlungsakten der Polizei wieder. Der Anwalt, ein erfahrener Verteidiger, sagte mir, dass eine Haftprüfung keine vorgezogene

Hauptverhandlung ist: »Der Tatvorwurf ist so massiv, dass ein Haftgrund unterstellt wird. Sie müssen aushalten, bis zur Hauptverhandlung.« Ich saß also ein Jahr in Untersuchungshaft. Der Staatsanwalt hatte die Beschuldigtenvernehmung mit der Bemerkung abgebrochen: »Das ist ja eine Märchenstunde.« Es gab keine weitere Vernehmung. Ich war ganz für mich allein.

Und dann die erste Verhandlung. Ich musste diese Wartezeit aufbringen, diese Geduld. Dann ging es Schlag auf Schlag. Ich nahm Stellung zu dem, was mir vorgeworfen wurde, dann traten Zeugen auf. Und nach und nach, das berichtete auch die Presse, wurde sichtbar, dass die Vorwürfe nicht haltbar waren. Der Staatsanwalt versuchte sogar mit falschen Behauptungen, die Presse zu beeinflussen. Das hat ein Beisitzender Richter bemerkt und dazu bei der Verhandlung Zeugen befragt und das durch einen Zeugen, einen Kriminalbeamten, richtig gestellt. Bei den Plädoyers rückte der Staatsanwalt von seinen Vorwürfen keinen Millimeter ab, als ob es keine Hauptverhandlung gegeben hätte, keine Zeugen. Er beantragte eine lebenslange Freiheitsstrafe. Das Ergebnis war ein Freispruch, der gegen den Willen des Vorsitzenden Richters zu Stande kam. Und das war der Dreh- und Angelpunkt. Denn der Vorsitzende baute in die schriftliche Urteilsbegründung viele Rechtsfehler ein, die es der Staatsanwaltschaft ermöglichten, Revision einzulegen.

Als wir das schriftliche Urteil bekamen, war uns klar, die Revision würde Erfolg haben. Ich war ein Dreivierteljahr draußen, hab mich um meine Familie ge-

kümmert, Geld verdient, und wurde dann wieder festgenommen – mit genau dem gleichen Wortlaut des
Haftbefehls wie schon zwei Jahre zuvor. Als wenn es
nicht zwischenzeitlich eine Verhandlung gegeben hätte
mit Freispruch! Die schlimmste Phase hatte ich nach
der zweiten Verhandlung. Ich konnte überhaupt nicht
fassen, dass ich auf einmal zu zehn Jahren Freiheitsstrafe verurteilt wurde. Ich konnte nicht begreifen, dass
ein Unschuldiger tatsächlich verurteilt werden kann. In
der Nacht nach der Verurteilung wollte ich mich auf-
hängen. Als ich dann diese Nacht überstanden hatte,
ließ ich davon ab. Ich wusste keinen Ausweg mehr. Das
»lebenslänglich« nachher hat mich nicht mehr bewegt,
darauf war ich vorbereitet.

Ich sitze hier drinnen und kann für draußen nichts
bewegen. Das ist sehr belastend. Jemand aus meiner
Familie kommt einmal die Woche zu Besuch. Sie sind
nicht davon abzubringen. Für meine Familie ist es noch
viel schlimmer, weil sie wissen, dass ich unschuldig bin.
Meinen großen Sohn zum Beispiel hat es sehr getroffen. Er war teilweise vor Gericht dabei, um als Zeuge
auszusagen. Er musste sich die Ausführungen des
Staatsanwaltes anhören, mit Vorwürfen, mit angeblichen Tatsachen, wo er definitiv wusste: »Nein, das ist
nicht so. Ich hab es doch mit meinen eigenen Augen
gesehen, ich war doch dabei.« Er muss mitkriegen, dass
dieser Staatsanwalt ungestraft die Unwahrheit sagen
kann. Ein solches Ohnmachtsgefühl prägt auch das
Rechtsbewusstsein, und zwar nicht gerade positiv. So
hat es meine Familie schwerer als ich. Sie müssen mit

den tagtäglichen Ungereimtheiten zurechtkommen. Mir geht's doch gut hier drin: Ich hab ein Bett, hab genug zu essen, ich kann nicht aus dem Fenster fallen, weil da Gitter vor sind. Aber mit welchen Dingen meine Familie draußen zu kämpfen hat, wenn es um eine Lehrstelle geht für meinen Sohn, wenn es darum geht, unser Haus und Grundstück zu unterhalten! Die tagtäglichen Dinge des Lebens. Meine Frau ist Invalidenrentnerin, und die Familie lebt von dieser Rente. Wenn dann das Gericht unser Haus zwangsversteigern will, um die Gerichtskosten zu bekommen, versteht man die Welt nicht mehr. Man kann kaum was machen.

––––––––––––––

Heute zum Beispiel, wenn er rausgehen könnte, würde er einfach mal geradeaus laufen, zwei, drei Kilometer nur geradeaus, nicht mehr wie blöde im Kreis. Oder andere Menschen sehen, irgendwo im Café sitzen und die Leute beobachten. Hier sind es immer die Gleichen, da hat er vielleicht fünfzig Gesichter, die er in seinem Haus sieht, die links gehen, rechts gehen, das ist alles. Er möchte einmal sehen, wie die Leute Auto fahren, lachen, weinen, hin und her rennen. Einfach nur mal so beobachten, das interessiert ihn. Aber einiges hat sich doch zum Positiven verändert. In mancher Hinsicht ist er gelassener geworden, ruhiger. Er ist hier älter geworden, aber er ist auch härter geworden. Er lässt nicht mehr so viele Gefühle frei. Außer wenn er ganz alleine ist. Dann sieht das keiner, hört das keiner; dann verkriecht er sich unter seine Bettdecke und hat seine Ruhe. Da will er niemanden hören und sehen. Es ist eine Wohltat, seine Ruhe zu finden, sich selbst zu finden. Er weiß noch nicht, was alles noch passieren wird. Vielleicht findet er ja einmal jemanden, mit dem er sich beim Ausgang draußen treffen kann. Mit dem könnte er dann gemütlich in einem Café sitzen, sich in aller Ruhe unterhalten, ohne Angst zu haben, ohne sich umzudrehen, weil da ein Beamter ist.

Er hat hier alles gemacht, was er konnte, verschiedene Fachrichtungen gelernt, aber jetzt hat er keine Lust mehr. Er macht halt seine Arbeit, jeden Tag. Aber ein Mensch ist kein Tier. Hier besteht der Tag aus Langeweile. Man ist so voller Gefühle, und man reagiert. Ein Brief, eine schlechte Nachricht kann ihn kaputtmachen, er ist empfindlicher als ein elektronisches Gerät. Eine gute Nachricht kann ihm gute Stimmung geben. Das Gefängnis macht krank, aber inzwischen prallt das nur noch von ihm ab. Er war hier auf Isolation, er war hier im Arrest, er war hier im Bunker, die haben ihm Disziplinarmaßnahmen verpasst ohne Ende. Nur her damit, dachte er dann, immer mehr davon. Je härter, je gemeiner sie sind, weil sie ihn ärgern wollen, umso härter machen sie ihn. Wenn er in der Scheiße sitzt, ist er am besten, denkt er. Das tut manchmal weh, aber dann lebt er, dann passiert wenigstens etwas, da ist kein Stillstand. Und manchmal ist er so voller Hass, das darf er keinem erzählen.

Die Angst bei den anderen sieht er daran, dass die aggressiv sind und mit Schlägen drohen. Das machen meistens die, die sich nicht anders zur Wehr setzen können, die haben das halt nur auf diese Art gelernt. Das ist ganz normal, er ist hier in einem Gefängnis. Die Haft allein reicht nicht aus, einen Gefangenen zu bessern, bis er versteht, dass das, was er gemacht hat, nicht in Ordnung ist. Man kann nicht jeden Gefangenen heilen oder bekehren, denkt er. Aber man könnte viel mehr von ihnen aus der negativen Seite, aus der negativen Zone herauslocken. Das Wesentliche ist der Kopf, die Gedanken. Soweit er weiß, werden ungefähr siebzig Prozent rückfällig. Irgendwas machen die hier nicht richtig. Zwar muss man schon eine gewisse Zeit sitzen und muss den Schock spüren, dass man zu sich selber sagt: »Ich mach das nie mehr wieder.« Aber wenn man zu lange sitzt, ist der Schock weg, dann wird alles Alltag. Er lebt dieses Leben, jeden Morgen um halb sieben geht der Tanz von vorne los. Irgendwann wird alles egal.

Er kennt einen, der spielt Theater hier. Das tut dem gut, das hilft dem, aus sich rauszukommen. Wenn der auf der Bühne steht, vergisst er, dass er im Gefängnis ist. Aber sobald der dabei die Beamten in Uniform sieht, vergisst er, dass er Theater spielt. Das ist ein Kreislauf für den: Steht er auf der Bühne und es ist dunkel im Saal, sieht er nur seine Mitspieler. Dann kann er spielen und fühlt sich frei. Solange er spielt, ist er ein anderer Mensch, solange er auf der Bühne ist, ist er die Figur, und die hat nichts mit dem Gefängnis zu tun. Aber dann geht das Licht an, und der Beifall kommt. Dann guckt der durch die Reihen und sieht die in Uniform. Dann weiß der wieder, wo er ist, und vergisst auch das Theaterstück.

Im Gefängnis kann er von den Kriminellen lernen. Aber er denkt, man sollte doch ein gutes Umfeld haben. Wie will man einen Menschen heilen, wenn man ihn unter Gefangene und Kranke steckt? Bei vielen kommt immer was an, denkt er. Wenn die jahrelang mit solchen Leuten konfrontiert werden, schleicht sich das ein, obwohl sie es nicht wollen. Das ist normal, das ist menschlich. Bei ihm wirkt das nicht, er ist immun dagegen. Viele sind von Beruf Kriminelle, aber bei vielen ist das anders. Wenn man denen nicht schnell hilft, dann braucht man denen überhaupt nicht mehr zu helfen. Dann ist es besser, man schließt die ein. Weil, im Gefängnis ändern die sich.

Anfangs hat er sich gesagt: »Jetzt bist du im Loch. Hast Scheiße gebaut. Sitzt dafür. Mach das Beste daraus.« Und er denkt, das hat er gemacht. Er hat nicht den Kopf in den Sand gesteckt und gejammert, wie viele das machen, sondern er hat an seinem Problem gearbeitet. Von daher ist er einigen Leuten hier voraus. Die vegetieren nur noch vor sich hin, jammern tagein, tagaus über ihre Situation und kommen einfach nicht klar damit. Das Wichtigste ist, die Sache anzunehmen. Aber viele wehren sich dagegen. Und was man verleugnet, damit kann man nicht arbeiten. Er hat einen Menschen umgebracht. Er muss damit klarkommen, jeder muss mit seinem Ding klarkommen. Aber es war erst nicht einfach, mit der Schuld umzugehen. Tagsüber war er abgelenkt, schlimm wurde es dann abends, wenn er auf Zelle war und Fernsehen guckte. Dann kam er oft auf Gedanken, und es wurde ihm komisch im Magen, da merkte er erst richtig, was er gemacht hat. Die Schuld zu spüren war schlimmer, als eingesperrt zu sein, weil er sich da nicht gegen wehren konnte. Er konnte das nicht einfach verdrängen. Das kam, und das ging nicht wieder.

Jetzt zieht er abends seine Gardine vor, dann sieht er die Gitter nicht, und dann ist gut. Dann sieht das manchmal aus wie in einer Sozialwohnung. Aber es ist schwer, mit der Schuld umzugehen. Am letzten Wochenende dachte er wieder mal an die Tat, am ersten September war das gewesen, als es passiert war. Das sind so Daten und Termine, die ihm immer wieder einfallen, die er nicht vergessen kann. Damals hatte er einen sturen Kopf gehabt und wollte mit dem Kopf durch die Wand. Sein sturer Kopf hat ihm das Genick gebrochen. Er wird immer wieder daran erinnert, ob er will oder nicht. Mittlerweile hat er sich einigermaßen damit abgefunden. Er versucht, mit der Schuld umzugehen und nach vorne zu gucken, was er da draußen noch machen kann. Eines Tages steht er wieder draußen vor den Toren, und da muss es dann auch einigermaßen weitergehen.

————————

Wir haben auch mal darüber gesprochen, mein Mittäter und ich, aber nicht warum, weshalb, wieso oder sonst dergleichen. Weil ich ganz einfach der Meinung bin, er hat seinen Teil dazu beigetragen, aus welchem Grund auch immer. Ich weiß, warum ich dabei war und warum ich das gemacht habe.

Ich bin wegen Mord hier. Ich hab einen Schwulen umgebracht, weil er mir unerlaubterweise wohin gegangen ist, wo keiner hingehen darf, außer meiner Frau, sagen wir mal so. Ich hab gelernt, mich dementsprechend formell auszudrücken, den Punkt zu umschreiben und nicht direkt darauf hinzuweisen. Ich bin heute selber der Meinung, ich habe überreagiert. Damals habe ich das nicht so gesehen. Wir sind dahin gegangen, wir waren zu zweit, und dann hat sich das mehr oder weniger den Abend über dahin gesteigert.

Wir wollten eigentlich arbeiten gehen, eine Sonderschicht einlegen. Bei der Bahn gab's die Möglichkeit, dass man sonnabends mal dahin ging und sich zwanzig, dreißig Mark verdienen konnte. Ich hätte ihm das Geld sowieso gegeben, was ich da verdient hätte, ich hätt's nicht gebraucht. Zu der Zeit arbeitete ich fast nur privat, ich habe Wohnungen tapeziert und so was. Da hab ich genug Geld verdient. Wir sind also nicht mehr arbeiten gegangen. Wir sind in die erste Runde nicht reingekommen, und in der zweiten Runde sind wir dann nicht arbeiten gegangen. Weil, da hatten wir dann schon was getrunken, da war es besser, nicht mehr arbeiten zu gehen. Aber die erste Runde – wären wir da reingekommen, dann wäre das auch nicht passiert.

Das war dessen Idee gewesen, zu dem zu gehen. Weil, er kannte den, er hatte Schulden bei ihm oder der hatte bei ihm Schulden. Wir wollten mit ihm quatschen, und dann sagt er, dann können wir eben auch ein paar Mark abgreifen. Ich sage: Ja. Gegen Diebstahl hatte ich ja nun nichts gehabt. Der kannte mich nicht, ich kannte ihn nicht. Bei Diebstahl gibt es sowieso nicht allzu viel, ein paar Wochen. Im Endeffekt wären das zweihundert Mark gewesen, knapp, die wir ihm da abgenommen hätten, und da hätte es zehn Tage Strafe gegeben oder so. Beim Tagessatz von zwanzig Mark kein Problem, hätte ich gerne mal Urlaub gemacht. Wenn ich damit überhaupt gerechnet hätte.

Das kam durch Alkohol, durch irgendwelche Andeutungen von meinem Mittäter, und irgendwann kam der Typ dann auf die Idee. Den kannte ich nicht, der war mir total fremd, das war ja für mich das Unbegreifliche, dass der mich anfassen wollte. Weil der total fremd war. Wär das jetzt noch ein Bekannter gewesen. Ich bin, na ja, kurz mal durchgedreht und hab den einen Kopf kürzer gemacht, den Menschen. Für mich war das Affekt, die Gutachter hier aus dem Westen, die haben das zwar nicht als solchen erkannt, aber für mich selbst war das eine Affekthandlung. Ich hab total rotgesehen. Weil, ich hab ein dementsprechendes Erlebnis gehabt, '84, '85, wo mich ein Schwuler vergewaltigt hatte mit allem Drum und Dran bis zum Gehtnichtmehr. Das war ja damals so eine Befürchtung von mir gewesen, denn ich konnte nach der Vergewaltigung auch eine ganze Zeit lang mit keiner Frau schlafen. Und daraufhin, als das denn passiert ist, hab ich sozusagen rotgesehen.

Da hab ich einen Ausklinker gekriegt und irgendwie eine Schnur gegriffen. Und dann war eins das andere, hat man wahrscheinlich irgendwann mal im Film gesehen. Ich habe das Ding darumgelegt, und denn war gut. Da hab ich zugezogen, und dann – war ja fast bis hinten durch gewesen. Ich hab vollkommen rotgesehen und hab nur gezogen mit aller Kraft, die ich hatte. Mein Mittäter hat mir dann irgendwie so eine Backpfeife gegeben oder so was in der Richtung. »Der ist schon tot!« oder so hat der gebrüllt. Da hab ich erst mal mitgekriegt, was ich gemacht hatte. Ich meine, ich war angetrunken gewesen. Irgendwo schneidet man ja trotzdem noch ein bisschen mit, was man macht. Ich überhaupt nicht. Da fehlen bei mir ungefähr fünf Minuten Film. Ich weiß nicht, was in der Zeit passiert ist. Ob ich dem vielleicht noch den Kopf verdreht habe oder sonst noch was. Ob ich dem ins Ohr gebissen habe oder so. Ich weiß, was vorher war, was hinterher war, aber die Strecke zwischendurch fehlt. Ich weiß noch, wie ich ihm die Schnur umgelegt habe, das weiß ich noch alles, aber danach war auf einmal aus. Und dann, wie ich ihm die Schnur wieder abgenommen habe. Mein Mittäter hat dem zwischendurch dann noch die Hände runtergezogen. Weil, die Schnur ist wohl erst mal hängengeblieben am Kinn. Und da hat er ihm die Hände runtergezogen, und dann ist die Schnur erst so richtig rangehopst, sonst wäre es gar nicht so weit gekommen, wahrscheinlich. Das war den Moment wohl auch ausschlaggebend.

Darüber reden kann ich jetzt ja. Musste ich hier bei den Psychologen auch, dadurch habe ich gelernt, dass ich darüber reden kann, ansonsten könnte ich das gar nicht. Aber dass jetzt irgendwie was hochkommt? Eigentlich nicht. Die erste Zeit hatte ich Reue. Das vergisst du nicht, vergessen kannst du das nie. Aber irgendwann lässt die Reue nach. Weil, die Strafe, die steht in keinem Gegensatz zu der Reue. Irgendwann stumpft der Mensch ab. Sagt man, okay, ich hab einen Menschen umgebracht. Kann jedem passieren, bei einer ganz einfachen Kneipenschlägerei. Warum soll ich da jetzt hundert Jahre Reue üben oder sonst dergleichen? Vor allem: Geholfen ist damit ja sowieso keinem, außer mir selber. Das Thema Reue ist irgendwo vorbei.

Wenn ich es verhindern könnte, würde ich es ungeschehen machen. Aber das ist nun mal nicht zu verhindern. Wenn ich wieder in dieselbe Situation kommen würde, weiß ich nicht, ob ich es verhindern könnte. Ich würde es probieren. Aber ob es machbar wäre? Ich meine, die Situation ist ja nicht unbedingt das Entscheidende. Das Entscheidende ist ja: Was passiert in dem Moment? Wenn ich wieder so ausklinke, dass ich nicht weiß, was ich tue, dann habe ich ja keine Kontrolle über mich. Dann kann ich auch nicht verhindern, was hinterher kommt. Ich glaube, wenn ich wieder in dieselbe Situation kommen würde, könnte es durchaus sein, dass ich genauso handeln würde. Das kann ich nicht einschätzen. Keine Ahnung. Weiß ich nicht. Hab ich auch dem Gutachter gesagt, und der sagte dann zu mir: Sie sind aber ehrlich. Ich sage: Ja, ehrlich währt am längsten, ich war schon immer ehrlich gewesen, ich bin auch das erste Mal in Haft.

Nachdem ich ihm die Schnur abgenommen hatte, hab ich überlegt, was ich mache. Wie vertuschen? Irgendwie muss das doch vertuscht werden. Wenn du keine Erfahrung hast, machst du alles verkehrt. Und so war es auch gewesen. Der Typ musste ja weg. Was machst du? Wie kriegst du den weg? Nimmst die Schnur, legst dem die wieder rum, ziehst den Typen raus in die Küche. Du hängst ihn an die Küchentür, damit es so aussieht, dass er sich selber weggehangen hat an der Türklinke. Da kann sich keiner weghängen. Daran hab ich aber in dem Moment nicht gedacht. Ich hänge den an die Türklinke, lass den da liegen. Wenn ich jetzt richtig nachgedacht hätte, wenn ich richtig hätte schalten können, dann hätte ich ihn vielleicht an die Decke gehangen oder sonst dergleichen, damit das so aussieht wie ein Selbstmord oder so was.

Und dann hab ich angefangen, irgendwelchen Krimskrams einzupacken, den gar kein Mensch braucht: Aschenbecher, Bleistifte und all so was, das hab ich mitgenommen. Und Fernseher, Stereoanlage, das habe ich stehen gelassen. Total irre gewesen. Warum, weiß ich auch nicht. Geld wollten wir ja sowieso von dem Typen klauen, und das haben wir natürlich auch mitgenommen. Aber eigentlich hätten wir das gar nicht gebraucht.

Mein Mittäter und ich, wir waren schon auch befreundet gewesen. Er hatte eine ganze Zeit lang bei uns gewohnt, weil seine Wohnung im Arsch war. Die wollt ich ihm eigentlich noch machen damals, aber dazu ist es ja nun nicht mehr gekommen. Wenn er wirklich so ein guter Freund gewesen wäre, hätte er seine Schnauze gehalten und keine Aussage gemacht. Bei der ersten Vernehmung war das: Er hat uns reingerissen, ich hatte soweit alles abgebogen, wir hätten wieder nach Hause gehen können, obwohl die Fakten auf der Hand lagen. Fingerabdrücke waren vorhanden gewesen. Bei irgendeiner Schlägerei früher hatten die wohl mal meine Fingerabdrücke genommen. Und das war ausschlaggebend.

Ich hätte meine Tat wahrscheinlich nicht zu machen brauchen. Aber in dem Moment, in dieser Situation wusste ich keinen anderen Ausweg. Ob es so etwas wie das Böse gibt, weiß ich nicht. Ist schon möglich. Kann ich nicht sagen. Aber kann durchaus möglich sein. Warum nicht?

———————————

Sehr oft denkt er darüber nach, wie es für ihn draußen sein wird. Am meisten Angst hat er, dass er nach seiner Haftentlassung nicht mehr zurechtkommt. Weil er hier seine Selbstständigkeit verliert, weil er kein Bargeld hat, mit dem er normal im Laden einkaufen kann. Das kann er hier nicht. Da draußen muss er ganz neu lernen, mit Geld umzugehen. Er hat Angst, da nicht mehr zurechtzukommen und noch weiter ins Abseits zu geraten. Er hat auch Angst, einsam zu sterben, wenn er draußen eine eigene Wohnung hat und alleine ist. Er macht sich viele Gedanken über den Tod. Er hat keine Lust, draußen irgendwo an einer Straßenecke oder auf der Straße zu liegen, mit eingeschlagenem Schädel wegen ein paar

Mark. Hier drinnen lebt er in einem geschützten Rahmen. Da hat er immer die Beamten, die aufpassen, dass nichts passiert. Da macht er sich momentan viele Gedanken.

Aber meistens ist er ganz ruhig. Abwarten, Tee trinken, denkt er: Abwarten, Tee trinken, Kaffee trinken, je nachdem. Man kommt hier raus mit der Persilkiste unterm Arm, mit den Klamotten, die man hatte. Man steht fast genauso da, wie man vorher gestanden hat. Er weiß von vielen Mitgefangenen, die aus der ehemaligen DDR kommen und drüben in Haft waren: Die sind entlassen worden mit Arbeit und mit Wohnung. Aber wenn man hier rauskommt, greifen die einem das Überbrückungsgeld an, das wird gepfändet, wenn man noch Schulden hat. Das ist alles schlimm. Im Strafvollzugsgesetz stehen nur Märchen, denkt er, und wie es einmal weiter gehen wird, weiß er nicht. Er denkt, er wird wahrscheinlich arbeitslos und von den Behörden abhängig sein. Er hofft, dass er trotzdem noch Arbeit und eine Wohnung findet, aber wenn nicht, dann sieht es böse aus. Sozialhilfe wäre für ihn ein noch schlimmerer Abstieg, als hier drin zu sein. Er hat die Hoffnung, dass sich für ihn noch etwas tut, wenn er rauskommt. Er denkt, dass kein Mensch das Recht hat, ihm später für das, was er vor acht oder vor zehn oder vor fünf zehn Jahren getan hat, Vorhaltungen zu machen. Sonst wüsste er eigentlich nicht, was noch groß an Hoffnung da ist. Vielleicht eine Frau finden, mit der er zusammenleben möchte. Aber sonst hat er wenig Hoffnung draußen. Ist eigentlich ganz minimal.

Er kennt einen, der will draußen selbstständig werden. Weil bei dem mittlerweile 120 000 Mark Schulden angewachsen sind, wird der Zeitungen austragen, dann ist er halb sechs, halb sieben wieder zu Hause. Dann wird der sich zum nächsten Job begeben, als Möbelträger, das wird zehn bis zwölf Stunden gehen am Tag. Er kennt einen anderen, der hat einen Job als Hausmeister in Aussicht, wenn er rauskommt: drei Häuser, Instandsetzung und kleine Reparaturen. Der will ganz solide leben, keine Drogen, kein Alkohol. Der freut sich schon, wenn er rauskommt.

Aber die eigentliche Strafe kommt erst danach. Dann muss man sich draußen bewähren, muss versuchen, gerade zu gehen. Nicht nach links fallen, nicht nach rechts fallen. Wenn einer fragt, wo er war, dann kann er zwar sagen, er war im Ausland, aber wenn es wichtig ist, muss er immer sagen, er ist vorbestraft. Warum – das interessiert die Leute nicht. Die hören nur »vorbestraft« und »Gefängnis«, und dann fängt das Problem an. Da fängt die eigentliche Strafe an. Und man muss die Zeit wieder aufrollen. Manchmal überlegt er, ob er es überhaupt schaffen will. Wenn er sich dafür entscheidet, schafft er es auch. Er hat dann ja noch ein bisschen Zeit. Aber manchmal fragt er sich auch, ob er noch mal zurückwill in das da draußen oder ob er dann einfach sagt, leckt mich doch. Das ist seine andere Seite, die Schattenseite. Dann muss er an die Bäume denken, die hier stehen. Manche stammen noch aus der Zeit der Gründung der Anstalt, das sieht man auf alten Fotos. Vor seinem Zellenfenster ist eine

Art Buche. Kein Ahorn. Den Baum beobachtet er jetzt schon ein paar Jahre lang. Und wieder wächst er ein Stückchen. Er sieht ihn auch im Winter, wenn er keine Blätter hat, nur in den Verästelungen, oben in der Krone, die Nester von den Krähen. Er hat alle möglichen Leute gefragt, was das für ein Baum ist. Er kriegt es noch raus.

DANKSAGUNG

Viele haben zu diesem Bericht beigetragen: Ohne die Hilfe der JVA Tegel wäre *Einschluss* nie geschrieben worden. Unbürokratisch und immer entgegenkommend förderten insbesondere Klaus-Dieter Blank und Lars Hoffmann mein Vorhaben. Hinzu kam die freundliche Unterstützung durch Herrn Lange-Lehngut, den Leiter der JVA, sowie durch Herrn Adam und weitere Teilanstaltsleiter und ihre Vertreter. Die Beamtinnen und Beamten an der Pforte und in den einzelnen Häusern der JVA begleiteten mich geduldig und freundlich auf meinen Wegen. Es zeugt vom Mut dieser Institution, dass sie dem Autor alle Freiheiten für seinen Bericht einräumte. So mag es undankbar erscheinen, wenn die Anstalt und ihr Personal hier oft mit wenig Sympathie geschildert werden, doch ist dies, aus der Sicht von Gefangenen, ein Buch über einen Ort, der angenehm weder ist noch sein möchte. Und glaubt man Adriano Sofri, dann zeigt das Gefängnis eben auch, »wie es um die ›normale‹ menschliche Gesellschaft bestellt ist«.

Nach Tegel kam ich als Autor und Dramaturg des Gefangenentheaters *aufBruch*. Ab 1997 brachten wir dort mit unserem Ensemble aus Gefangenen mehrere Stücke vor inhaftierten und externen Gästen auf die

Bühne; Regie führte Roland Brus, die Bühne entwarf Holger Syrbe. Bald begriffen wir, wie problematisch es ist, in einem Gefängnis Kunst zu betreiben. Aber das Theater erschien uns als der beste Weg zu zeigen, dass Theater im Gefängnis letztlich unmöglich ist. 1999 wurde unser Stück *Tegel Alexanderplatz* zum internationalen Festival »Theater der Welt« eingeladen; danach verließ ich *aufBruch*. Außer den bereits Erwähnten möchte ich aus dem Team hier Michael Bövers (Produktionsleitung) und Agnes Sioda (Kostüme) nennen: Durch ihre Freundschaft und Aufmerksamkeit haben sie mir sehr geholfen. Das taten auch Michael Allmaier, David Bernet, Annette Boës, Sören Senn, Bernd Sprenger, Sputnik, die Mitarbeiter des Berlin Verlags und vor allem natürlich meine Lektorin Elisabeth Ruge, die das Boot dieses Berichts mit freundlicher und sicherer Hand geduldig um manche Klippe steuerte.

Am Anfang und am Ende von *Einschluss* stehen die Gefangenen der JVA Tegel. Großzügig und freimütig eröffneten sie mir die Welt hinter den Mauern, diese »große Universität Tegel«, als die sie einer von ihnen einmal das Gefängnis bezeichnete. Erst dadurch konnte dieser Bericht entstehen. Anders als jene »Legende der obskuren Menschen«, nach der Michel Foucault suchte (*Das Leben der infamen Menschen*), beruht er auf den Stimmen der Verurteilten und Gefangenen: Mit mir sprachen Alex, B., Etienne, Frank G., Frank L., Goetz, H. K., Ilhan, Jörg, Jürgen, Kai, Klaus, Locco, Lutz, Matthias, Metin, Michael, Mike, Milos, Mohamed Ali, P., Peter, René, Rolf, Stefano, Uwe, Volker, Wolfgang, Wolfgang D., xy und andere, die hier nicht genannt werden wollen; besonders erwähnen möchte ich Mario Schneider, der während seiner Haft erkrankte und starb, sowie Frank Giesen, der mir unermüdlich das Gefängnis erklärte und immer wieder Kontakte zu Mitgefangenen stiftete. Manche meiner Gesprächspartner gingen sehr weit in ihrem Vertrauen, einige haben viel riskiert, indem sie mit mir sprachen, ohne etwas zu beschönigen. Ich hoffe, ihre Mühe war nicht vergebens, und ich hoffe, sie können dieses Buch als ihr eigenes erkennen und seinen Weg gehen lassen, auch wenn es nur ein fernes Echo ihrer Zeit vor und in Tegel ist. In den Stunden mit ihnen habe ich viel gelernt – auch über das Glück, das ihnen fehlt und das ich ihnen wünsche. Allen hier Genannten danke ich sehr herzlich für ihre Hilfe.

Danken möchte ich schließlich auch Eberhard Lämmert, der mir, einmal mehr, den Rücken stärkte, als es nötig war, sowie denen, die mir immer wieder zugehört und geantwortet haben: Ursula Kohlert, Tom Neubauer, Michael Schmidt und, vor allen anderen, Christiane Seiler, der dieses Buch gehört. Sie weiß, warum.